谨以此书献给中华全国总工会成立 95 周年

忠诚

共和国劳模画传

中国工人 编

中国工人出版社

前言

PREFACE

人无精神不立，国无精神不兴。一个国家与民族能否始终屹立于世界民族之林，保持永远进取的活力，实现中国梦的这一伟大目标，归根结底，要树立一种实干为荣、劳动为美的精神。

长期以来，一代又一代劳动模范在平凡的岗位上辛勤劳作，谱写出一曲曲可歌可泣的动人赞歌。劳模所体现出来的人文精神，代表着一个时代的价值观、道德观和精神风貌，展示了中华民族顽强拼搏、自强不息的崇高品格，体现了我们伟大的民族能够与时俱进、开拓创新的精神风貌。革命战争年代里，他们以“新的劳动态度对待新的劳动”，全力支援前线斗争。新中国成立后，他们响应党的号召，带动广大群众自力更生、奋发图强，投身社会主义建设。改革开放历史新时期，他们干一行、爱一行，专一行、精一行，为国家和人民建立了杰出功勋。

习近平总书记强调，榜样的力量是无穷的。劳动模范是民族的精英、人民的楷模。我们要始终弘扬劳模精神、劳动精神，为中国经济社会发展汇聚强大正能量。劳动是人类的本质活动，劳动光荣、创造伟大是对人类文明进步规律的重要诠释。正是因为劳动创造，我们拥有了历史的辉煌；也正是因为劳动创造，我们拥有了今天的成就。我们一定要在全社会大力弘扬劳模精神、劳动精神，引导广大人民群众树立辛勤劳动、诚实劳动、创造性劳动的理念，让劳动光荣、创造伟大成为铿锵的时代强音，让劳动最光荣、劳动最崇高、劳动最伟大、劳动最美丽蔚然成风。

在广大劳动模范身上，体现着“爱岗敬业、争创一流，艰苦奋斗、勇于创新，淡泊名利、甘于奉献”的劳模精神。他们在铸就梦想的道路上，活出了精彩的人生。他们用勤恳踏实的操守和甘于奉献的品德，为生命价值树立起标杆。

他们是争做坚定理想信念的模范，也是勤奋劳动的模范，更是增进团结的模范。

本书选取新中国成立以来最具代表性的 12 位全国劳动模范，用通俗易懂的文字介绍人物的生平事迹，用真实的老照片呈现劳模的成长历程。本书的出版会让更多的劳动者了解劳模故事，学习劳模精神，争做有力量、有智慧、有技术，能发明、会创新的一代新人，让劳模精神熠熠发光，永久传递。

谨以此书向中华全国总工会成立 95 周年献礼。致敬我们伟大的时代！

目录

CONTENTS

回声
马万水
1923-1961
忠诚
共和国劳模画传
LOYALTY

归途
马恒昌
1907-1985
忠诚
LOYALTY

母亲
戎冠秀
1896-1989
忠诚
共和国劳模画传
LOYALTY

心愿
吴运铎
1917-1991
忠诚
共和国劳模画传
LOYALTY

时间
王崇伦
1927-2002
忠诚
共和国劳模画传
LOYALTY

选择
邓稼先
1924-1986
忠诚
共和国劳模画传
LOYALTY

舞台
张秉贵
1918-1987
忠诚

时传祥
1915-1975
忠诚
共和国劳模画传
LOYALTY

CONTENTS

英雄
孟泰
忠诚
LOYALTY

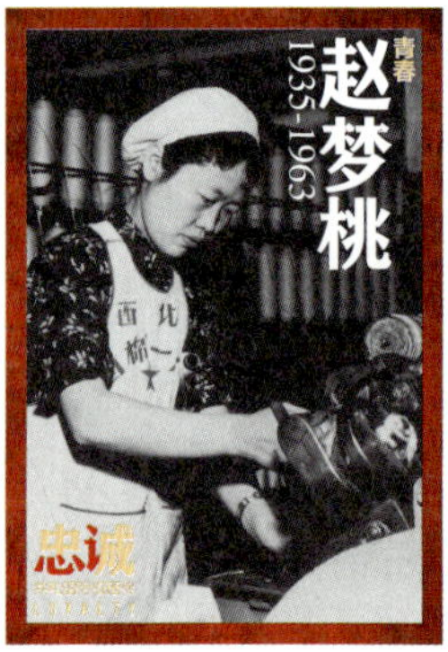

青春
赵梦桃
1935-1963
忠诚

本色
倪志福
1933-2013
忠诚

王进喜
1923-1970
忠诚
LOYALTY

回声·马万水

文/成 露

獎給提前完成第一個五年計
馬萬水小組
帶動群众前進
創造更大成績
龍烟鉄礦

马万水

（1923—1961），直隶深县（今属河北）人。原河北龙烟铁矿（今中国华北冶金建设有限公司）“马万水小组”组长。1950 年全国劳模。他曾创造手工凿岩、手工作业、独头掘进 23.7 米的全国黑色金属矿山掘进纪录。1960 年创造了独头巷道月掘进 435.91 米的全国新纪录。小组先后多次刷新全国黑色金属矿山掘进纪录，创造了“深坑作业法”等 200 多项先进技术，形成一整套快速掘进先进经验。

第一次全国劳模大会期间，朱德特地请马万水到家里吃饭，席间询问他工作和生活情况。临走前，朱德忽然叫住马万水：“小马，等一等，我送你一样东西。”

朱德回身进了书房。不一会儿出来了，手里拿着一张照片，上面墨迹未干，那是朱德的亲笔签名。

周恩来获悉马万水的病情后，亲自安排他住进了北京肿瘤医院。临终前几个月，马万水忍着疼痛一遍又一遍嘱咐妻子：“你要听党的话，永远跟党走……”

01

那是2010年的一天。

午后三时，78岁的张淑云老人醒了，窗外蝉声流响，天空阴沉，阵雨似乎要来了。

她翻出一张张褪色、残破的老照片，都是20世纪五六十年代马万水的留影，“经过几次展览，大多被弄丢了，就这点挑剩的。奖章也丢了十多枚，还有斯大林送的手表，统统找不回来了。”话音里透着几分遗憾。

再过几天，就是她的丈夫马万水去世49年的忌日。老人弓着背坐在沙发上平静地说：“我和他在一起生活了短短的9年，他就走了……一个人挺过这么多年，慢慢就不想了，心淡了。”

老人的目光落到茶几上，“人老了，很多事情记不住，也不想记了。只有老马临终前的嘱咐这辈子忘不了啊，他忍着疼痛一遍又一遍地重复着：小张，你要听党的话，永远跟党走……”

短的是人生，长的是磨难。马万水去世那一年，妻子张淑云才29岁。组织上问她有什么要求，想不想留在北京，她统统没有考虑，而是一个人拖着三个孩子，大的6岁，小的才2岁，跟着“马万水小组”走南闯北。

1950年10月，马万水和中国代表团参观苏联的工厂

20 世纪 50 年代，著名的“三马”（马万水、马六孩、马恒昌）

一个妻子以这种方式表达着对丈夫的追随。

20 世纪 80 年代，随着“马万水工程队”在河北邯郸安营扎寨，她才在此落脚退休，和二儿子一家住在一套 80 多平方米的三居室里，每月退休金一点一点涨到了 2000 元。

斯人已逝，余音长绕。

如今，在邯郸市光明北大街 12 号，中国华北冶金建设有限公司的门前矗立着一座马万水的全身雕像，每年新入职的年轻人，上班第一天就是聆听老前辈马万水的故事……

02

在马家珍藏的家庭影像里，马万水在 20 世纪 50 年代初最常见的样子是戴着草帽，穿着雨靴。

新中国成立前夕，龙烟铁矿第一批恢复生产。当时，这里残垣断壁，一片废墟，掘进五组靠一名老矿工当向导，才在杂草丛生中找到已经塌陷废弃的庞家堡巷口。

掘进五组的工友，大多曾是长工或短工出身，握惯了锄头的两手，不是打偏了锤，就是撑不住钎，遇到坚硬的岩石，一锤下去，只冒火花，不进尺度。

第一个月，巷道只前进了 1.7 米。大家着急了：“照这个进度，什么年头才能开出矿来？”

“能不能开出矿，就看你了！”1949 年 9 月，26 岁的马万水来到龙烟铁矿，被派去掘进五组当组长。他身高 1.84 米，有过 6 年采煤工的经历，在日本人开办的京西煤矿练就了一手打眼放炮的看家本领。

第一天进组，他抡起 12 磅重的大锤，左右开弓，锤不虚发，一米多深的炮眼，只 400 多锤就打成了，装炮、点炮更在行。一个月后，他将全组的掘进效率由 1.7 米提高到了 6 米。

“不行，还是太慢。”马万水不满意，暗暗地想办法。

他白天上甲班，夜里上乙班，轮流指点工友们掌握开矿技术。他把自己的看家本领悉数亮了出来，亲自给工友把钎、扶锤、讲窍门。初练的工人没准头，一锤砸在马万水的手上，马万水像没事儿似的笑笑说：“不疼，接着打！”

巷道一米一米地向前延伸，他的手不知被打脱了几层皮。

岩石缝里出水了，就像下雨一样。每天，工友们一收工，浑身上下都湿透了。当时，龙烟铁矿条件落后，劳动保护用品更是奇缺。马万水从食堂借来三条麻袋当“雨衣”，又四处搜罗来六双高筒胶鞋，全组 18 名工人，轮流披着三条麻袋、穿着六双胶鞋，继续向矿山深处掘进。

哪里水最大，马万水就站在哪里。为了让工友多轮一次穿胶鞋，他每天往自己的球鞋里垫上草和麦秸当“雨鞋”穿。

“创全国纪录了——”1950 年 6 月的一天，巷道里响起一阵阵欢呼声。马万水和工友首次创造了手工凿岩月进 23.7 米的全国纪录。

在今天的机器年代，这个纪录或许只需几小时几分钟而已。但那时的矿山开掘，是以最原始的人工力量推进的，每提高一米，每掘进一步，都是工人挥动着手中的铁锤和钢钎，一下一下凿出来的。

伴随纪录诞生的，还有“马万水小组”的名字。

03

遗失马万水和毛主席握手的照片，让马家感到“特别遗憾”。

后来有的单位上门借照片要搞展览，或有记者来访要翻拍，马家都小心翼翼地保护着那些老照片，生怕再弄丢任何一张。

像无数家庭一样，他们以这种方式表达着对逝去亲人的追思和怀念。

尽管，马万水和毛主席的握手细节已口口相传，早就印在了儿孙们的记忆里。

“老马，快说说，你和毛主席握手了没？”工友们一个个兴奋地跑过来，里三层外三层地围住马万水。

1950 年 9 月，马万水胸前戴着小红花，参加了在中南海怀仁堂召开的全国第一次劳模大会。

“毛主席知道咱们小组呢，他握着我的手，祝贺咱们小组对祖国的贡献，还说要戒骄戒躁，继续发挥带头作用，创造出更大的成绩。”马万水一口气讲完了。

“你呢，你说什么啦？”

“我——”他憨厚地一笑。原来，他太激动了，最后只憋出了一句：“毛主席，我们永远记住您的话！”

更想不到的是，那次大会期间，朱德和康克清夫妇特地请马万水到家里吃饭，席间还跟他拉家常，询问他的工作和生活情况。临走前，朱德忽然叫住马万水：“小马，等一等，我送你一样东西。”

朱德回身进了书房。不一会儿出来了，手里拿着一张照片，上面墨迹未干，原来是朱德的亲笔签名。

这张珍贵的历史照片后来一直挂在马家客厅，见证着一位共和国开国元勋和一位开国劳模的情谊。

1950 年的全国劳模大会结束后，马万水小组以惊人的成绩一次又一次刷新着矿山的掘进纪录，20 世纪 50 年代连创 9 次，在全国黑色金属的历史上，刻下了一个又一个高度。马万水所探索的一整套矿山掘进经验，将挖矿的掘进功效提高了 43 倍，甚至吸引了联合国有关机构对他的先进技术进行专门研讨。

04

1954 年，一位苏联矿山专家访问中国，慕名来到龙烟铁矿看望马万水。

临走前夕，他提出要一张马万水的全家福。

照片里，男主人手里拿着一副扑克牌，女主人怀里抱着不到半岁的孩子，一家人微笑着，围坐在转角沙发上。

这张全家福拍于马万水婚后一年，幸福的生活刚刚开始。

1953 年春天，通过组织牵线搭桥，马万水认识了铁矿宣传队的张淑云。第一次见面，照片上英俊帅气的劳动英雄留给张淑云的印象却是“黑，太黑了，就像刚刚从坑里爬上来。”

“十一”国庆节过后，马万水和比他小 9 岁的张淑云结婚了。矿上分给他们一间半平房，有 20 多平方米。

马万水后来多次对工友说：“全组 27 人，新中国成立前都是两个肩膀担着一张嘴的穷光棍，现在每人每月的平均工资都在 100 元左右。其

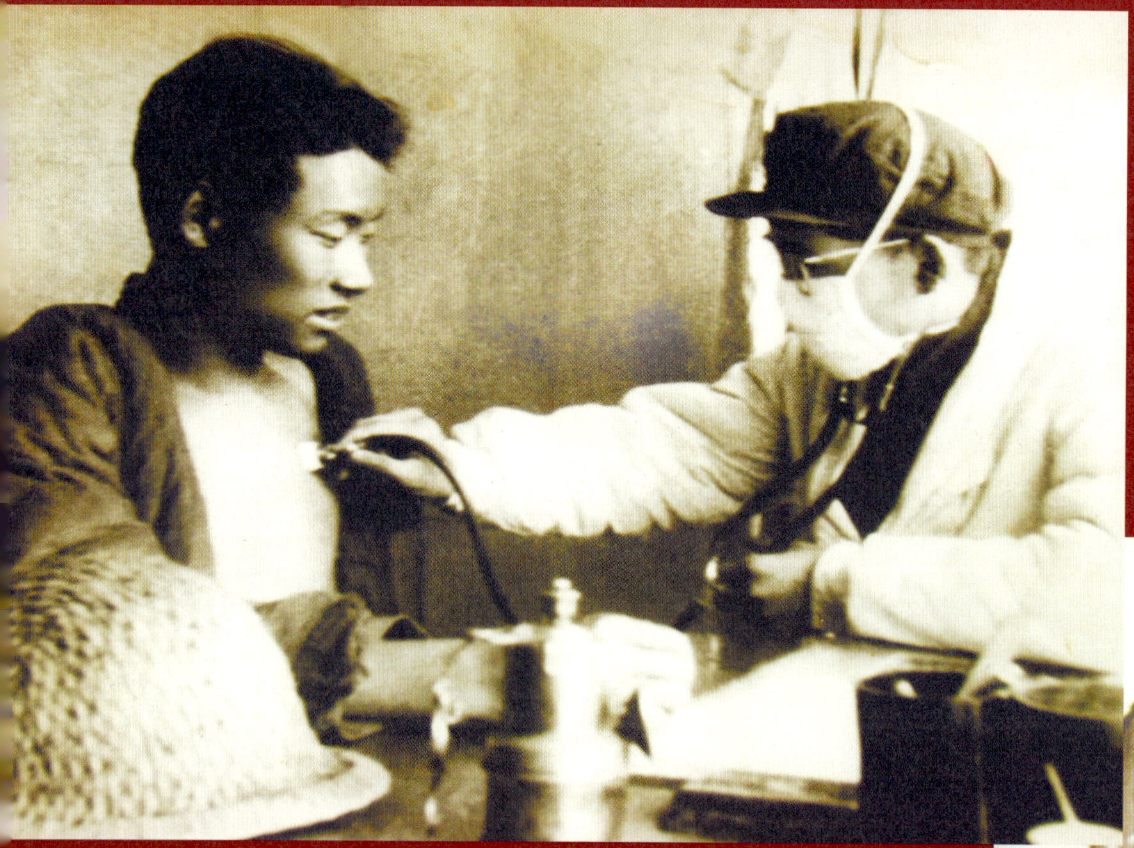

1950 年夏天，马万水在体检

1950 年 10 月，马万水跟随中国代表团到苏联参观访问

中 26 人结了婚，建立了美满的家庭；9 人买了收音机；20 人买了手表；27 个人都有几套新衣服。”言语之间，流露出满足和幸福。

婚后，张淑云看到丈夫背上留下的一道道旧伤疤，心疼他吃了太多苦。1942 年冬天，19 岁的马万水来到日本人开的门头沟煤矿当采煤工，两天两夜才能出坑一次，每次一百多斤重的柳条煤筐压在背上，稍走慢一点，就被工头拳打脚踢。多年浸泡在地下水里的双腿，也从那时起就落下了病根儿。

担任井巷公司副经理后，马万水照旧和工人们一起下井。开矿地点离家远了，他背着一套简单行李，住在矿上，一周回一次家。难得星期天在家陪孩子玩，孩子们吵着要听故事。他就把自己 13 岁在北京隆顺油漆店当学徒的经历当笑话讲。

“过年了，吃不上饺子，我就想出一个办法。给掌柜端饺子，过门槛的时候，故意不小心绊倒，啪——饺子摔地上了。掌柜很生气，臭骂我一通——去去去，捡起来端走，我心里偷着乐，赶紧跑回厨房，用水冲一冲，终于吃上了饺子。”

这故事，他来回讲了很多遍。

05

20 世纪 50 年代初期，矿山井巷掘进粉尘污染严重，风钻打在坚硬的岩石上灰尘飞扬，巷道内对面看不见人。在苏联同行的倡导下，他开始琢磨率先在巷道内变干法打眼为湿法打眼。但由于多年习惯，加上有水迸溅，工友们觉得麻烦，偷偷地打干眼。

马万水真急了：“谁再这么干，我就停他的工。”

有一些工友想不通，闹情绪，马万水问："咱们现在生活得好不好？"

"好！"工人们回答。

"是不是国家的主人翁？"

"是！"

"这么大的粉尘太伤害身体，我们要相信科学，善用新工艺新技术，才能把党交给咱的红旗保住。是不是这个理儿？"

这下，工人们想明白了。

06

1960年，马万水的腿疾开始发作。这年夏天，组织安排他到附近的一处温泉疗养。那时，他已经担任铁矿井巷公司副经理。

刚去没几天，听说马万水小组要开掘庞家堡铁矿850平硐，马万水立刻回到了矿上。

掘进工人有三怕：断层、塌方、大流沙。

马万水小组这次开凿的巷道，正处在大破碎带上，地质构造复杂，断层纵横交错。

刚掘进20多米，就遇上了险情，伴随轰隆一声巨响，涌水夹杂着泥沙、碎石，倾泻而下，瞬间堵住了半个巷道。

马万水拄着拐杖赶到塌方现场，靠在巷道的岩壁上，寻找对策。经过五天五夜的苦战，先把困在塌空区的工友救出来了，但塌方的问题没有解决。还需要运出积渣，支护好顶板。

碗口粗的圆木架刚上去，很快就被压弯、压断。一看危险，马万水

在那个年代，小轿车还是稀罕物

扔掉拐杖，冲向流沙口，身后的工友们接着一个一个跟了上去，用身体堵住流沙口，指挥其他工人们趁机快速上支架。

……

回家后，妻子问起塌方事故，他只说了一句，“好险啊，今天差点回不来。”

就在工友们沉浸在闯过特大断层的兴奋之时，马万水的腿疾加重了。但他很少表现出来，就连妻子，他也从不向她倾诉腿有多疼。

只是，晚上下了班，工友们洗完澡，说说笑笑地先走了。马万水一个人泡在澡堂里，总要多泡一会儿，热乎乎地一泡，直到腿疼症状减轻了才出来。

大家都以为是老马的关节炎发作了。妻子为他做了一条羊皮裤子，他穿着羊皮裤子护住双腿，仍然坚持每天到掌子面转一圈，看看工人们，似乎心里才踏实。

后来，每每想起这事，张淑云老人心情会变得复杂：“他的性格并不内向，喜欢跟工友们说说笑笑的，工友们生活中有什么困难，都爱向他讲，他这个人就是不喜欢说自己的事，对于他个人的事情向来不表示，哎呀，我疼得受不了啊。他从来不说……”

马万水身高 1.84 米，平时喜欢打篮球，打中锋的位置。但到 1960 年，铁矿篮球场上已经很少看见他的身影了。

就在这一年，马万水小组再次创造了独头巷道月掘进 435.91 米的全国新纪录。

同年，马万水被有色金属矿山研究院聘为特约研究员。

07

拖来拖去，到了年底。有时腿疼起来，马万水不得不吃一粒止痛片来缓解疼痛。

1961年，春节刚过完，矿上派了一辆吉普车，送马万水到北京看病。

在北京积水潭医院，第一次检查也弄不清马万水的腿疼是关节炎还是什么，接着来了一位名医，顺腿摸了两下，说病情并不乐观，建议先做切片检查。

检查结果确认是骨癌。

有关部门获悉后，及时向周恩来总理报告。很快，周总理将马万水转到了北京肿瘤医院治疗。

起初，马万水并不知道病情的轻重，每天盼望着早一天回矿上。工友们不在身边，看不到掌子面的进展，不知道打到了什么样的断层，遇上了哪种岩石……这样的日子他过不惯。

第一次手术后，周恩来总理派人送来了两斤白糖。

马万水需要补充营养。带来的粮票用光了，张淑云坐火车回了一趟家。打开柜子，她这才发现，平日里省吃俭用积攒的700斤粮票一张都没有了。

回到医院，张淑云问起此事，马万水笑了："找不见就算了，不要再找了。"原来，他早已将这些粮票一点一点接济了粮食不够吃的工友们。

妻子并不觉得意外，只是心疼躺在病床上的丈夫。

妻子和孩子们在看马万水的照片

1958 年，马万水在安排生产任务

戴草帽、穿雨鞋，是 20 世纪 50 年代马万水最常见的样子

马万水有个私人存折，上面存着组织上每月发给他的代表津贴和劳模补助。有一次，张淑云有急用，向马万水要这个存折，打开一看，上面只剩一毛钱了。

几年来，这个存折几乎成了一笔公共资金，哪个工友有困难了，马万水就用来资助哪个工友。马万水常说："我不愁吃不愁喝要钱干啥，谁有用项谁就用。"

08

手术过后，马万水的病情未见好转。一夜夜的锥心疼痛，折磨得他身形消瘦。

或许是意识到生命可能走向尽头了。精神好些的时候，他跟妻子说得最多的一句话就是"听党的话，永远跟党走"。

有时，他也会安静地望向窗外，若有所思。只有一次，他欲言又止："小张，你还年轻，将来孩子们是个累赘……"

妻子听出了话里有话，生气地打断他："你说的这是什么话？我不要你来安排我的生活。"

在生命的最后时光，马万水小组的第二任组长郭进才、副组长高长坡来看他，马万水问组里的情况，进尺如何，岩石打到了哪里……似乎只有说着这些，他才能忘了身体上的疼痛。马万水吃力地靠在床头，拉着战友的手，一喘一喘地说："要永远争先进，把党交给咱的红旗保住……"

两个大点的孩子来医院看望爸爸，一个 7 岁，一个 5 岁。

半天里，马万水就重复着一个动作，摸摸大儿子的头，又摸摸二儿子的头，什么话也没说。

弥留之际，马万水昏迷不醒，口中却吵吵着“推车、铺轨，你怎么不使劲啊，使劲推啊……”

1961年8月12日，年仅38岁的马万水停止了心跳。

人生壮年谢幕，总是令人扼腕。

噩耗传到龙烟铁矿，工友们把马万水平常下井穿的工作服、裤腰带都“抢”走了，他们想留作纪念。

一位没有“抢”到遗物的工人找上门来，恳求张淑云：“把这件棉袄给我吧，穿着它下坑，就会觉得老马还和我们在一起。”

至今，除了那些照片、奖章、证书和锦旗，马家只剩下一件马万水打篮球时穿的运动服。

作为一种政治待遇，马万水安息在北京八宝山革命烈士公墓，开创了普通劳模的先例。

至今，马家不愿触及的隐痛是，马万水去世后没多久，他的大儿子也是马万水最疼爱、陪伴最多的孩子，不幸溺水而亡。

09

多年后，马万水的大孙子马岩回忆起童年时和奶奶去医院看望爷爷的工友，那位老工人是轻度尘肺病，退休后几乎离不开氧气瓶，多说几句话就大喘气。

他想到了当年的爷爷，也患有三期尘肺病，那究竟是怎样的一种力量，令他在生命的最后两年，甘愿忍受着双重疾病的折磨，还能创造出3次纪录。

……

作为爷爷生前单位的后辈，马岩上班第一天，就记住了一行文字：

1923年2月20日，马万水出生在河北深县马家庙的一个贫穷家庭。门前有一条河叫滹沱河，波涛滚滚，父亲因此给他起名“万水”，寓意长流不息。

爷爷的生命原来有回声。

声音 · 矿山铁人勇争先

“要永远争先进，把党交给咱的红旗保住……”

“干劲加技术，石头变豆腐！”

“工人，艰苦朴素就是本色。”

归途·马恒昌

文/李元程　郭　强　张世光

马恒昌

（1907—1985），辽宁省辽阳人。原齐齐哈尔第二机床厂总机械师，“马恒昌小组”组长，全国班组运动和职工民主管理创始人，1950年全国劳模。解放战争时期，他创立马恒昌小组，冒险坚持生产，保证军工生产任务完成；开展迎接红五月劳动竞赛，掀起东北地区捐献器材运动。抗美援朝时期，他领导小组发出倡议，开展爱国主义劳动竞赛。

齐齐哈尔第二机床厂门口，来了一个神智不太清楚的老太太，要进厂看她的儿媳妇，遭到门卫阻拦。

老太太拿出了一张照片，指着不远处树立着的巨幅毛泽东主席和这个人握手的黑白照片，对门卫说：“你认识这个人不？他是我老头儿，你不能不让我进去。”

马恒昌——门卫当然知道。

谁会不知道呢？生前，他曾13次受到毛泽东主席的接见。第一次见面，连毛主席都说：“马恒昌，我知道。”

01

一位老人，躺在北京至齐齐哈尔的特快列车上，奄奄一息。

两年来，他经历了5次癌症手术，耗尽了所有的气力。就在两天前，他第一次大便失禁在床上，面对儿女，老人一下子涨红了脸……“北京不能再待了。我要回家。”77岁的马恒昌做出了最后决定。

夜色笼上天空，喧闹的世界渐渐沉寂，只有列车铿锵的足音陪伴着无法入睡的人，走向自己的目的地。

对各方的劝阻，心意已决的老人只微弱地说了一句话：“厂里给我治病得卖掉好几台车床！……那钱都是工人的血汗，我没这个权。”

02

躺在软卧包厢里，马恒昌对守在旁边的大儿子马春忠说：“咱们老马家，是共产党、毛主席救的，这个恩，老马家几辈子都报不完。”

1985年5月16日，这个被疼痛折磨的夜晚，与前行列车背道而驰的，是无尽的思绪，把这个即将告别人世的老人带回到遥远的过去……

1948年11月2日，一阵枪炮声响过，解放军攻占沈阳。

原国民党“504”兵工厂一张硕大的告示前，围满了骨瘦如柴饥肠辘辘的工人，人们看到这样一行字——全体工人上班，按家庭人口数领高粱米。

战乱中的沈阳饿殍满地，一个馒头能娶走一个姑娘，穷人们在死亡线上挣扎，挖尽了所有的草皮、树根。

人群中，站着41岁的大工匠马恒昌。

就在来这里的路上，他碰到了一件事：

上早班的马恒昌看见，厂里一间堆放杂料的仓库冒出了浓烟，一个穿军装的男人正带着几个小孩忙乱地用布驱赶着呛人的烟雾，看见他上前帮忙，军人不好意思地解释："我老婆是南方人，不会生北方的炉子。"

"解放军长官，为什么不住厂里的洋楼，住在这四壁透风的仓库？"

"我们有纪律，官兵一致，不能搞特殊。洋楼要留给工人。"

这话，让马恒昌吃惊。从伪满洲国到日本侵略者再到国民政府，他见到的政府无一不是把枪口对准老百姓，有谁管过工人的死活？

"天下真有为老百姓服务的队伍吗？"领粮的路上，马恒昌想。

"只领你一个人的吗？"发粮的军人口气和蔼地问他，"你家有几口人？"

"7口，可他们住在乡下。"

"那也按7口人给你发粮！"

……

背起满满两袋高粱米，马恒昌立刻坐上火车往家赶。

下了车走回村子的时候，天已黢黑，荒无人烟的路上大雪无痕，背着重重的粮食深一脚浅一脚地走着，这个一米八几的中年汉子，眼里一直止不住地流泪。

冰天雪地，茫茫四野。万籁俱寂的世界里，只有脚下咯吱咯吱的踏雪声。

泪水淌在脸上是热的，比泪更烫的，是这个男人的心。

……

7 岁，马恒昌死了父亲，为了给家里省张吃饭的嘴，小小的他开始给地主放牛，冬天，没有鞋穿，只能把脚埋在牛粪里取暖；

“九一八”事变，眼见 100 多位工友被日本侵略兵枪杀，24 岁的马恒昌，要了两天饭才逃回家；

后来，他成了 8 级大工匠，月饷上百万，却连一袋高粱米都买不来。同样是为了给家里省张吃饭的嘴，马恒昌不得不把 16 岁的大女儿远嫁给又老又残的农民。

出嫁那天，看着女儿坐着铁钴辘马车一路哀号着远去，马恒昌觉得穷人的日子就像是这辆吱吱扭扭转动的破车，在苦海里无望地轮回。

什么时候是个头儿啊？！

终于，在这个漆黑的雪夜，马恒昌看到了曙光。

……

敲开家门，马恒昌把粮袋朝炕桌上重重地一放，大声喊：“孩子他妈，快给孩子做饭去！”

话音未落，几个躺在炕上饥肠辘辘的孩子兴奋地一骨碌爬了起来。一会儿工夫，久违的饭香飘了出来。那种香气啊！……几十年后，马家人都好像还能闻得到。

看着孩子们一碗接着一碗地吃着白花花的高粱米饭，夫妻俩对着油灯落泪。

“马恒昌小组”建组初期10名老组员合影。前排左起：于忠山、谢溪华、马恒昌、祝普庆、徐景荣；后排左起：黄焕瑞、章荣海、柳玉璞、董振远、赵连科

1951年1月17日，“马恒昌小组”在《工人日报》发出“全国工矿职工开展爱国主义劳动竞赛的倡议书”，共和国历史上第一次劳动热潮由此掀起

第二天，马恒昌让媳妇找出了藏在箱底儿的千分尺。

“当家的，你要它干吗？”

“我要把它带到工厂，献给共产党。”

背着粮食回家的路上，马恒昌已经做出了决定——他要报恩。

……

“献了它，就等于献了咱全家的性命啊！”妻子急眼了。

千分尺是大工匠必不可少的工具。一根头发丝，用千分尺量可以量出六七道，而精密部件的误差只能有一两道。在饥荒的年月，一把千分尺可以换一家人一年的口粮。

儿子病重、婆婆病重，快要没命的时候，她几次想卖掉千分尺，给亲人买药，婆婆说什么不让，“死就死了，这是咱全家人活命的家什，不许卖。”咽气的时候，老人紧紧握着千分尺，不肯松手。

傍晚，马恒昌来到母亲坟前，“妈，共产党救了咱家的命啊！发了粮、分了地、工厂也开工了。您不是说做人要知恩图报吗？我把千分尺献出去，您不会不乐意吧！”

说毕，马恒昌带着一家人，跪成两排，给老人磕了 3 个头。

连夜，他坐着火车回了沈阳，把千分尺献给了正在为没有工具而无法开工的工厂。

03

这时候，全国还没有解放，国民党的飞机不时侵扰着沈阳，肆无忌惮地低空投放着炸弹。

部队首长向兵工厂厂长下了死命令：“半个月完成 17 门高射炮的生

产任务，不然枪毙你！”

没有图纸和工艺、没有技术人员，工厂一片废墟，看见焦急万分的厂长，少言寡语的马恒昌只说了一句话：“厂长，你放心，有工人在，你就死不了。”

凭着高超的技艺和丰富的经验，大字不识的马恒昌，加工出了高射炮的关键部件闭锁机，并毫无保留地教给了其他工友。

“教会徒弟，饿死师傅。”从来技术保守的工匠们被马恒昌献千分尺、公开技术的一连串举动震动了。

人们推选马恒昌当组长，形成了“三人互助会”“检查头一个活”等一系列民主管理的做法……地位低下、饱受压迫盘剥的工人们，第一次有了当家作主的感觉，他们有了用自己的肩膀支撑起一个百废待兴的工厂的豪情。

多年后，被送进学校读书的马恒昌，第一次学会写“工人”两个字时，曾经感慨不已，“发明这俩字的人真了不起。‘工人’摞在一起，不就是个‘天’嘛！”

为了完成任务，马恒昌一连几天站在车床前，高烧 39 度，累得尿了血，他也不吭一声。敌机投掷炸弹，工友拉他躲避一下，他头也不抬，“我的命是共产党救的，他国民党要不去。”

……

高射炮如期完成，敌人的飞机绝迹了。

1949 年 4 月 28 日，马恒昌小组正式命名，包括他在内的 10 名组员全部入党，小组赢得了第一面流动红旗。

20 世纪 60 年代末，“马恒昌小组”提出了民主管理与科学管理相结合的思路，开创了中国班组建设的新时期

马恒昌的妻子把徒工当成自己的孩子一样看待，给他们缝补衣服

1977 年，马恒昌和第十三任班长马江林一起参加工业学大庆归来，被誉为“父子英雄”

04

黎明的微光，透进窗帘洒进车厢，像模糊的记忆般依稀可见。列车在不知名的地方穿行，向北、向北，再向北。

……

70 年前的秋天，一列被漆成黑色的闷罐车从沈阳出发，向北疾驰。

徐景荣、佟俊山、赵炳衡、李凤和……这些熟悉的老伙计们挤坐在满车的设备中间，满怀激情，没有人知道要去哪里，只知道列车千里奔驰，向北前行。

鸭绿江边的战火，让刚刚成立的新中国做出了将军工企业迁移的决定，跟随着第一列转移的火车，“马恒昌小组”成员从辽宁沈阳来到了黑龙江的齐齐哈尔，在冰雪覆盖、野狼出没的荒滩上落户生根。

1951 年 1 月 17 日，“马恒昌小组”在《工人日报》上发表了“向全国工矿职工发起开展爱国主义劳动竞赛的倡议书”，得到各地职工的热烈响应，共和国历史上第一次劳动热潮由此掀起，“马恒昌小组”成为“中国工人阶级的一面旗帜”。

正在辽宁鞍山一家工人疗养院养病的马恒昌，从广播里听到了劳动竞赛的盛况。

第一个 5 年计划中，“马恒昌小组”完成了 14 年的工作量。

历经新中国成立、“文革”和改革开放，“马恒昌小组”一直保持着光荣的传统，截至 1985 年，“马恒昌小组”荣获省以上荣誉 40 多项，组长传了 15 任。

……

“有一个事，我总琢磨不好，”回忆忽然中止，马恒昌回到了现实中，他对大儿子马春忠说，“这个小组别再叫我的名字了。它不属于哪个人，它属于国家。”

儿子看见父亲的眼睛一直望着包厢房门，仿佛视线已经越过门外，看到了红日升起在远方。“这名字已经让我享用一生了。”走到生命尽头的老人无限感慨。

05

1950 年 9 月 25 日，马恒昌坐着从沈阳开往北京的火车，到首都参加全国工农兵劳动模范代表大会。

劳模们被直接送进中南海，“这不是皇上住的地方吗？”第一次走进怀仁堂，43 岁的马恒昌像孩子般感到新奇，“共产党真是把穷人捧上了天。”

9 月 30 日晚，中央人民政府政务院举行国庆一周年招待会，马恒昌得到通知——由他代表工人阶级向毛主席和中央领导敬酒。

“全国那么多知名劳模，比我资格老比我贡献大的人有的是，这么大的荣誉，怎么落在我马恒昌头上了？”

惊喜、激动之余，从没喝过酒的马恒昌也担心死了，“万一喝醉，那可就丢人现眼啦！”情急之中，他看见圆桌上摆着的汽水，心里一亮。

端着汽水冒充白酒的马恒昌被引荐到毛泽东主席面前，听到“马恒昌”的名字，毛主席笑容满面地连声说了三遍：“马恒昌，我知道。”

呆呆愣住的马恒昌，被人从后面捅了一下，才回过神来，语音颤抖地对主席说：“我代表工人阶级向毛主席敬酒，祝毛主席健康！”

毛主席举起酒杯，笑着对马恒昌说：“为工人阶级健康干杯！”

……

“万万不该喝汽水，真是对主席他老人家大不敬！要是被人知道了，肯定遭骂！”这次敬酒的经历，荣耀和懊悔伴随了马恒昌大半生。

他把和主席握手的照片端端正正地挂在床对面的墙上。几十年，每天醒来，第一眼看到的就是这张照片。

06

1975 年 3 月的一个星期天，马恒昌把子女们叫到家中，宣布“有话要说”。这一年他刚刚当选全国人大常委会委员，在人民大会堂开会时，穿着一件土气的灰棉袄的马恒昌，坐在了主席台上。

从北京回来，有人称呼他“马常委”，他立即表情严肃地纠正，“可不能叫什么常委，我只是个工人。”

马恒昌对儿女们说：“从今以后，全家人不许背着我向领导提要求，哪怕再合理的要求也不行。”

大儿子马春忠一家祖孙三代 6 口挤在 16 平方米的房间里，出门都要侧着身，儿媳陈颖瞒着公公向厂里要了一套两居室。马恒昌知道了，硬是让儿媳把钥匙退了回去，“我知道你们困难，但还有职工也很困难，‘工作向上攀，生活向下看’，我们家要加一个‘更’字。”

“喊破嗓子，不如做出样子。”这是马恒昌经常说的话。

70 岁前，马恒昌一直住厂东门边的平房里，房前屋后被公厕、垃圾堆和死水塘包围，门口积水泥泞，房屋低陷潮湿。

马恒昌的全家福

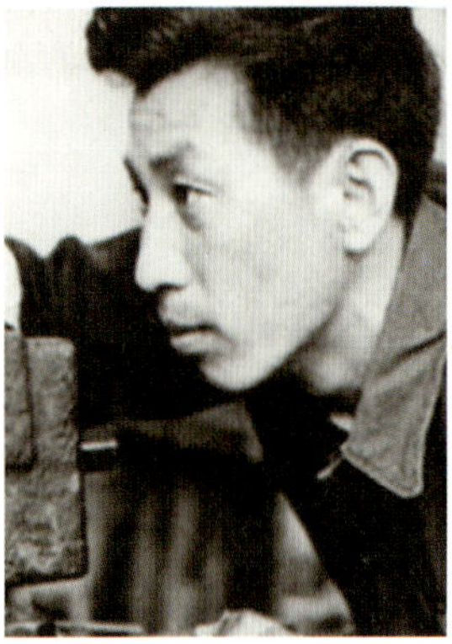

王崇伦

（1927—2002），辽宁辽阳人。原鞍钢工人。1956年和1959年两次被授予全国先进生产者。解放初期，他研制出“万能工具胎”，一年完成四年任务，成为全国最先完成第一个五年计划的一线工人。抗美援朝军品生产中，他设计并制造出特殊卡具，提高工效24倍。60年代初，实现100多项革新，先后突破十几项重要技术难题，填补了我国冶金史空白。

王崇伦激动地站了起来，带着年轻人的冲劲，突然走到毛泽东跟前说：“王崇伦来了，鞍钢工人向毛主席问好！”这一天，毛主席跟他握了3次手，他亲眼看到毛主席的手势，向另外一位代表介绍他的万能工具胎。

回到鞍钢后，王崇伦那双被毛主席握过的手，被闻讯而来的工人们握了又握……

01

沉郁的天空飘落下雪花，行走在鞍钢厂区，“王崇伦，走在时间前面的人”——播音员清越的嗓音似乎还回荡在这白雪皑皑的钢城。

从一位受尽磨难却活泼好动的青年技工，最后成为中华全国总工会副主席、哈尔滨市委副书记，无论是在生产一线，还是在领导岗位，这位劳动模范一直走在时间的前列，直到生命的最后一刻。

王崇伦曾在5年时间里受到毛泽东等中央领导人连续14次接见。《工人日报》曾一周连发5篇社论盛赞他的技术革新。

著名作家魏巍难抑激动的心情投书给他：“您就像一颗宣布大进攻战役开始的信号弹一样，带着迷人的色彩冲上天空。……您摆脱了时常捉弄我们的时间，勇敢地出色地走在了时间的前面。”

寻找王崇伦的事迹，却远不如他的忘年交孟泰那样轻松。他所在的原单位鞍钢机修总厂想为这位故去的劳模整理出一个纪念馆，负责此事的宣传部长发现，能拿到手里的有关王崇伦的物品与资料少之又少。“可能与他一贯低调的做事作风有关。”

在他的回忆录中有这样一些话：“在上年纪的老工人那里，我不是个循规蹈矩的青年，我爱玩、好动、调皮淘气，满脑子花花点子是不大可靠的年轻人。”

1954 年，王崇伦帮助工友进行技术改造

王崇伦向青年技工介绍自己发明的万能工具胎

正是这个“不大可靠的年轻人”却一直走在时间前列。

没有留下太多闪光的话语，但“走在时间前面”的巨大精神财富一直润泽着鞍钢一代又一代的产业工人。

一个人的影响如此，足矣。

02

王崇伦第一次见到毛主席是在1953年，在怀仁堂的那一刻，让27岁的王崇伦很久以后都觉得自己是在梦里。

毛主席红光满面地拿着名单问：“王崇伦来了没有？”

王崇伦激动地站了起来，带着年轻人的冲劲，突然走到毛主席跟前说：“王崇伦来了，鞍钢工人向毛主席问好！”这一天，毛主席跟他握了3次手，他亲眼看到毛主席的手势，向另外一位代表介绍他的万能工具胎。

回到鞍钢后，王崇伦那双被毛主席握过的手，被闻讯而来的工人们握了又握……

1954年1月19日，《中国青年报》发表了题为《让更多的青年工人在先进人物的带动下前进》的社论。同年2月8日，《人民日报》发表了题为《发扬王崇伦的工作精神，提前完成国家计划》的社论。6天后，《工人日报》发表了题为《学习王崇伦的先进榜样》的社论……可以想见，当年的王崇伦影响有多大。

那是一个时代崇尚的榜样。

几位同他研制“万能工具胎”的老师傅至今难忘当时与王崇伦搞技术发明的岁月。1953年，我国开始实施第一个五年计划，鞍钢的生产建设突飞猛进。就在这时，鞍钢矿山生产一线告急：大批凿岩机因缺少备件卡动器，被迫停止作业。

当时，产业工人多出身贫苦，文化不高，为了建设新中国，他们可以吃糠咽菜，可以流血流汗，但是，真正实现突破还是在技术创新上，一道道难关摆在了这些朴实的工人面前。

试制卡动器的特殊任务最终落在王崇伦所在的工具车间。

试制刚刚开始，就遇到了“拦路虎”。第一道工序的车床加工只需45分钟就能加工一个，而第二道工序插床加工一个却要两个半小时。全车间只有一台插床，厂长、车间主任都在为插床的低效急得团团转。

王崇伦看在眼里，他默不作声悄悄地搞起了攻关。他大胆构想用刨床代替插床，制一个圆筒形的工具胎，把插床垂直切削转变成刨床的水平切削。半个月后，双颊凹陷的王崇伦把特殊工具胎的图纸展现在车间领导面前。这个工具胎外壳酷似一台小电动机，由40多个零件组成，工件可以固定在套子中，旋转360度，任意选择加工角度。原来插床只能一次加工一个工件，而工件置放在工具胎内，刨床可以成摞切削，就像穿糖葫芦一样方便。大家对王崇伦的奇思妙想赞不绝口。

几天之后，一个长达500毫米，直径200毫米的工具胎安置在王崇伦的刨床上。试车这天，数百人前来观看。当第一批工件加工完毕之时，计时人宣布：加工一个卡动器耗时仅45分钟。更让在场人震惊的是，以往加工凿岩机的40多个零件，每加工一种零件都得制作一套专用的卡具，而这一工具胎竟能全部取而代之。

经过一番集思广益，王崇伦创造的这一独特工具胎被命名为“万能工具胎”。

王崇伦与工人进行技术协作

王崇伦与工人讨论技术问题

王崇伦继续攻关夺隘，加工卡动器的纪录连连取得新突破，由45分钟提高到30分钟，最后提高到19分钟，相当于最初效率的6至7倍，他操作的“牛头刨”，成了“千里马”。

凭着万能工具胎，王崇伦在同时间赛跑中不断创造奇迹。1953年，他完成了4年又17天的工作量，被评为鞍山市工业特等劳动模范。这年，他只有26岁。

风华正茂的王崇伦尚不知道，他已经成为新一代产业工人的标志人物，这一群体的共同特征是具备高超的技术创新能力。

03

2001年的一天，暮色沉沉，北京同仁医院的病榻上，虚弱的王崇伦强撑着身体，望着从鞍钢来看望他的同志，黯淡的眸子又闪现出炯炯亮光。此刻，与时间赛跑的呐喊又重新回到了这位劳模的胸膛，千言万语，鞍钢的同志只听到这位老人缓缓地吐出一句话：“机总好吗？企业脱困了吗？工人都能正常开资吗？”

作为王崇伦人生的重要起步点，鞍钢一直是他魂牵梦萦的地方。

和中国大多数产业工人一样，王崇伦出身于农民。1927年，王崇伦出生于辽宁省辽阳县沙河区北头街村一个贫苦农民家庭。父亲王殿英靠耕种3亩薄田维持家中6口人半饥半饱的生活。王崇伦从懂事起就带着两个妹妹跟随母亲到铁路边捡煤渣，到村外挖野菜。

10岁时，身患重病的父亲因无钱就医而死去。翌年，哥哥王崇玉在日本工头逼抬重物时活活累死。两年中，为了安葬父亲和哥哥，家中被迫卖掉了仅有的3亩地，生活更加困苦。此时的王崇伦便成了家中的主要劳力，与母亲和两个妹妹相依为命。

为了生活，1941 年，王崇伦与同窗学友鲍峰昕一起入鞍山满洲神钢厂学刨工，这一年他才 14 岁。

一次，王崇伦躲在工具箱背后偷看操作要领，不巧被日本工头发现。凶残的日本工头竟将王崇伦的右手按在机台上，然后抄起一把锋利的板锉狠命地锉下去。顿时，王崇伦的右手腕鲜血淋淋……王崇伦忍住疼痛，挣脱出右手，抓起一把螺丝刀要与日本工头拼命。闻声赶来的中国工匠怕王崇伦丢了饭碗，劝阻了他。从此，王崇伦的手腕留下了这道伤疤。

4 年后，王崇伦离开了满洲神钢厂，进了鞍山东洋矿机厂当了车工。

和新中国第一批劳动模范类似，他们的命运伴随着中国社会的跌宕起伏而飘零。日本宣布无条件投降后，国民党军队占领鞍山，对昭和制钢所的物资进行大肆抢掠，一时间，整个鞍山乌烟瘴气。

为了养家糊口，王崇伦这期间遭了好多罪。先是卖青菜，后到洗煤厂河沟里捞煤泥，最后又改作拉脚运货。1947 年秋的一天，王崇伦借了一驾毛驴车运货，半路上遇到土匪抢劫，险些送命。

直到 1948 年 2 月 19 日，鞍山解放。全身心投入革新而又年轻有为的王崇伦被列入了重点考察的后备工人干部培养对象。

04

1954 年初，全国工业战线相继涌现出的一批有影响力的技术革新能手，应中华全国总工会的邀请，聚会首都北京，座谈讨论如何为实现第一个五年计划作出贡献。

在这次座谈会上，王崇伦执笔写了一封后来影响大江南北的信。

会下，王崇伦联名张明山、唐立言、黄荣昌、刘祖威、朱顺余、傅景文向中华全国总工会建议，在全国开展技术革新运动。由王崇伦执笔的 7 人联名建议信送到了中华全国总工会主席的手中。中华全国总工会对这封具有特殊价值的建议信进行了专题研究，并于同年 4 月下发了《关于在全国范围内开展技术革新运动的决定》。

此后，一个群众性的技术革新运动在长城内外蓬勃兴起。

当年 9 月，王崇伦光荣当选第一届全国人民代表大会代表。

虽然与老英雄孟泰同在鞍钢，年轻的王崇伦更加具有创新意识。很快，王崇伦被提任为该车间生产副主任，同时被中国科学院辽宁省分院聘任为特别研究员。

1959 年初，王崇伦找到老英雄孟泰和盘托出组织全鞍钢能工巧匠开展大规模技术协作活动的设想。两位忘年交的劳动模范一拍即合。经过俩人的精心筹划，年底，鞍钢拥有了一支以劳动模范、先进人物为骨干的技术协作队伍，人数达 1500 多人。

每逢星期天，王崇伦家门前都停放一排自行车，来自各厂矿的“刀具大王”“焊接大王”“吊装大王”纷至沓来，经过一番切磋交流，不久一场场技术攻坚战便很快打响。

王崇伦的家成了能工巧匠交流聚会的“据点”，他们的这种模式影响了全中国的工厂企业，大家都争相举办这种技术交流活动。

这个热闹的“据点”热闹了 20 年，直到王崇伦离开鞍钢……

05

1959年，王崇伦出席全国群英会，再度被授予全国先进生产者。会议期间，受到毛泽东、刘少奇、周恩来、朱德、邓小平等党和国家领导人亲切接见。毛主席称赞王崇伦是“青年的榜样”。

时任团中央书记的胡耀邦号召青年向王崇伦学习：“大家都要向王崇伦学习，像他一样走在时间前面，做一个光荣的先进生产者，为祖国做出一番事业来。”

王崇伦的干劲更大了，这个曾经爱玩好动，喜欢游泳、打球的青年全身心地投入到工作中，他带的技术协作队伍像滚雪球一样规模越来越大。

20世纪60年代初，我国遭受连续3年自然灾害，苏联政府撕毁合同，撤走专家，停止对我国供应大型轧钢机轧辊。鞍钢各轧钢厂面临停产的威胁。

严峻关头，王崇伦与孟泰主动请缨，承担组织研制大轧辊的攻关任务。在他俩的领导之下，500多名由干部、工程技术人员、能工巧匠组成的技协积极分子众志成城，历时一年之久，先后突破十几项重要技术难题，终于试制成功大型轧辊，填补了我国冶金史上的一项空白。

接连不断的技术攻关硕果，对有志于革新创造的先进工人产生了极大的吸引力。到1962年底，王崇伦领导的鞍钢技协队已拥有15000之众，车、钳、铆、电、焊等各工种齐全，设计、施工、抢修配套成龙。这支队伍凭着高度的主人翁精神和精湛的技艺，先后为鞍钢解决了一大批生产和技术改造中遇到的难题，而且还应邀为鞍山市、辽宁省、东北

王崇伦与工人讨论技术问题

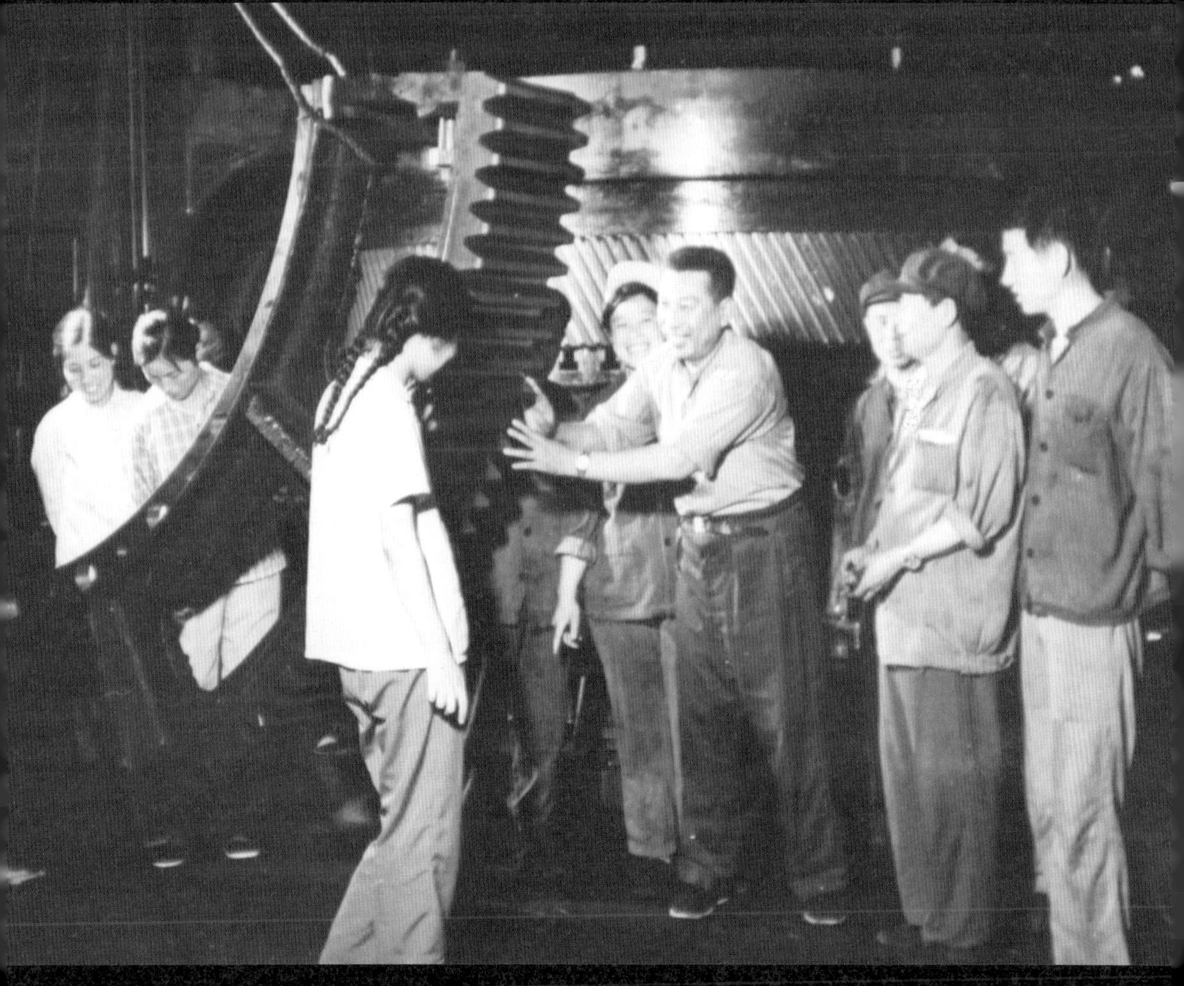

走向领导岗位的王崇伦依然与工人一起钻研生产

地区的许多生产厂家排解重大生产难题，为鞍钢赢得了殊荣。

王崇伦比孟泰年轻，在技术创造上贡献更突出，可在“文革”期间，他遭受了更多的磨难。

“文革”开始后，鞍钢的正常生产遭受了重大冲击。1968年，王崇伦遭到造反派的揪斗，被扣上“假劳模”“大工贼”等莫须有的罪名，惨遭迫害。

造反派对王崇伦采取的是高压手段，不予表扬，不许宣传，不准走出车间、跨到厂外、离开鞍钢……想以此捆住他的手脚。

王崇伦在车间不声不响，继续在生产一线捣鼓机器，帮青年工人解决问题，改进刀具。在生产遇到问题的时候，工人们总是信赖王崇伦，也不允许别人将他置于死地。

即使在“文革”期间，这个与时间赛跑的人也照样攻克了很多重大难题，为提高生产效率做着自己的努力。

06

“文革”结束后，王崇伦再次受到国家领导人的表扬，这次不是因为机器，而是因为豆腐。1980年，王崇伦担任哈尔滨市委副书记。

哈尔滨是大豆之乡，可由于诸多原因，当时全市豆腐供应不尽如人意，群众有意见，编了一首民谣：“干豆腐厚，水豆腐薄，排班站队买不着。”平民出身的王崇伦闻听心里很不是滋味。

王崇伦跑遍了全市7个区属于二商系统的29家豆腐坊，从中寻找解决问题的办法。王崇伦还利用清晨时间，到一家家卖豆腐的门市部了解豆腐的质量、供应到位的时间，等等。细致的明察与暗访使王崇伦心中有了底数，他找来市食杂公司经理和蹲点抓豆腐生产的二商局副局长，经过一番研讨后，决定从解决滞碍加工生产豆腐能力的关键入手，对豆腐坊的现有锅炉普遍进行一次技术改造，然后再依次解决豆腐板材料、汽车运送等问题。接着，又找豆腐坊的师傅研究如何准确判定豆浆度数、如何提高点卤技术、如何控制好豆腐的厚度。

当哈尔滨市的豆腐生产、供应工作取得可喜变化之后，王崇伦把十几位富有生产经验的老工人和几位出类拔萃的厂长请到一起开会，特聘他们为自己的“豆腐顾问”。在欢声笑语中，这些“豆腐顾问”纷纷献计献策，这些建议实施之后，王崇伦抓豆腐又抓上了一个新的台阶。

一年之后，哈尔滨市出了首新的民谣：“干豆腐薄，水豆腐好，随时随地买得到。”

邓小平同志得知此事后，称赞王崇伦抓豆腐抓得对，抓得好，我们应该有更多的这样解决市民生计的好干部。胡耀邦同志称赞王崇伦“既能抓生产，又能抓生活；既能抓黑的，又能抓白的；既能抓硬的，又能抓软的”。

07

长期的超负荷工作压垮了王崇伦的身体，他跑在了时间前面，却倒在了疾病上。

1990 年 10 月，当王崇伦又一次从死神手中挣脱，稍能行走时，他又开始了忘我的工作。

当时他是全国政协委员，为了能在两会上提出有意义的提案，当年 10 月 30 日至 12 月 11 日，王崇伦拖着病体，历时 41 天的调查，先后

王崇伦一生都将精力放在生产一线

到辽宁沈阳、鞍山、本溪、抚顺、丹东、海城、台安、大石桥等地，深入基层，广泛倾听职工群众的意见和呼声，并对解决群众关心的热点问题进行面对面的探讨交流。

王崇伦根据调查实情在全国政协会议上提出了保护知识分子积极性、领导机关带头反腐倡廉、为群众办实事要以雪中送炭为主等12条建设性意见。

也许与时间赛跑太过艰辛，王崇伦人生的最后几年是在病榻上度过的。2002年，王崇伦在北京协和医院猝然离世。

《新闻联播》在重要时段播放了此消息，可很多年轻人都已经对这位20世纪50年代闻名全国的大英雄感到陌生。

《人民日报》发表了一篇名为《不愿告别王崇伦》的评论，其中写道："一个现代化的国家，不独需要科学家，也同样需要王崇伦。如今的时代，一个国家经济的增长，在相当程度上已经取决于技术工人的素质状况，取决于是否有无数像王崇伦这样的技术能手。"

王崇伦的离世，引起了社会对于高级技工短缺的讨论，这就是王崇伦，每一次人生的变故总会走在时间的前面。

人们又一次念起了作家魏巍的一首小诗："时光老人，您说他老不老？戴着一副老花镜，胡子眉毛全白了。可是他乘着一匹追风马，提着一大包日历，年年月月在我们前面跑。……可是，有一个小伙子的腿脚真少见。……现在是一九五三年，他一九五六年的工作开始了。老人一看着了急，胡子一翘多么高。"

王崇伦生前所在车间的一位工友回忆，王崇伦离世前再次笑意盈盈地听了一遍这首小诗。

对于王崇伦来说，人生没有尽头，他留下的精神仍然在与时间赛跑……

声音 · 走在时间前面的人

“一切为了群众，是实现自我价值的真正意义。”

“感谢党和国家对我的信任，任务一日不完成，我就一日不离岗！”

“如果全鞍钢的骨干都能齐心协力，一定能擦出火花，带来更多的创造与革新。我们不能单干，必须群策群力。”

选择·邓稼先

文/车 辉

邓稼先

（1924—1986），安徽怀宁人。核物理学家，中国科学院学部委员，1986 年全国劳模。他领导研究了原子弹、氢弹理论方案，并亲自参与核武器实验，迈出中国独立研究核武器第一步。1982 年获国家自然科学奖一等奖，1985 年获两项国家科技进步奖特等奖，1987 年和 1989 年各获一项国家科技进步奖特等奖。1999 年获“两弹一星功勋奖章”。被称为“两弹元勋”。

电影《邓稼先》最后一个镜头，有这样一幕特别的安排：在国庆 60 周年阅兵式后，邓稼先仿佛又回到了天安门广场，一个人默默地坐在人民英雄纪念碑的台阶上，望着漫天飞舞的气球和鸽子，看着人们自豪欢乐的笑脸，他也笑了，沧桑的脸上布满欣慰的泪水……

01

许鹿希老人安静地生活在北京的一处小区内，尽管丈夫邓稼先已经去世 30 多年了，但 1958 年的那个夜晚让她永生难忘。

那一天，邓稼先回到家后心思沉重，似乎有很多话要对她说。许久，他缓慢、轻声地说："我要调动工作了。"

"调到哪里呢？"

"这不知道。"

"干什么工作？"

"不知道，也不能说。"

"那么，到了新的工作地方，给我来一封信，告诉我回信的信箱，行吧？"

"大概这些也都不行吧！"

那个夜晚的焦灼、不安和忧虑一直埋藏在许鹿希的心头，至今提起来，她的眼神中还闪现着一丝痛苦。

在那之后，这个平静的家庭承担了巨大的牺牲，而正是像他们一样的家庭的付出，影响了整个中国乃至世界的格局。

整整半个世纪的非常态生活让许鹿希有了非同常人的心态与境界，"我们看重的不是那些荣誉。"每当提起"两弹元勋"这样的字眼，她总

邓稼先（右）与姐弟的合影

中青年时的邓稼先

会淡淡地说："一代人有一代人的选择，对于邓稼先，他的生活与人生就是自己的选择，也是我的选择。"老人舒缓的讲述令人动容。

2011 年 4 月 5 日，清明节，北京中华世纪坛举办了清明节纪念文化先贤活动，40 位历代文化先贤的青铜塑像揭幕，并将永久性地伫立于中华世纪坛三层的民族文化环廊之中。邓稼先的塑像穿着军大衣，仿佛还在戈壁荒漠上奔走……

不同的选择就会有不同的人生，不同的价值观引导的是不同的经历，邓稼先选择的人生很艰苦，但却是那么的特殊而又激荡人心，正是这样的选择，一个个世界性的巨变才会发生……

02

许鹿希记得，那天邓稼先辗转反侧，一夜无眠。直到几十年后，她才知道当天发生了什么。

那天上午，二机部副部长兼原子能所所长钱三强把邓稼先叫到办公室，目不转睛地望着他说："稼先同志，国家要放一个大炮仗，调你去做这项工作，怎样？"

"大炮仗？"这位在美国普渡大学攻读核物理的博士立刻明白国家要造原子弹，一阵惊喜从心间涌起，自己苦苦求学，不就是为了这一天？！可是造原子弹是一个艰苦又涉密的工作，将会隐姓埋名，从此告别正常人的生活。

组织规定：上不禀父母，下不告妻儿。

当年，父亲邓以蛰是清华大学哲学系教授，并兼任北京大学哲学系主任。父亲曾深情而坚定地说："稼儿，以后你一定要学科学，不要像我这样，不要学文。学科学对国家有用。”

想到这里，邓稼先只用了一分钟就做出了自己的选择……

但面对妻子，他仍有太多的放不下，寂静的月夜里，传来邓稼先幽幽的叹息：“唉！我今后恐怕照顾不了这个家了，全靠你了。”

这个选择的代价在眼前就需要付出，一双儿女，大的 3 岁多，小的 1 岁多。他至爱的双亲，一个肺病，一个哮喘。

突然，邓稼先坐起身，坚定地说：“我的生命就献给未来的工作了。做好了这件事，我这一生就过得很有意义，就是为它死了也值得。”

许鹿希对邓稼先说：“放心吧，我是支持你的。”她不知道他们对生活的选择在今后还将付出更多的代价，乃至生命。

邓稼先担任原子弹的理论设计负责人后，一面部署同事们分头研究计算，自己也带头攻关，不仅在秘密科研院所里费尽心血，还经常到飞沙走石的戈壁试验场。他冒着酷暑严寒，在试验场度过了整整 8 年。

03

1996 年 7 月 29 日，中国在成功地进行了最后一次核试验后向全世界宣告，从 7 月 30 日开始，中国将暂时停止核试验。

消息传到大洋彼岸时，著名美籍华裔物理学家杨振宁教授敏感地意识到，这是中国政府和中国人民为缅怀在 10 年前的这一天不幸逝世的“两弹元勋”邓稼先而精心选择的特殊纪念日。作为邓稼先的两代世交和终身挚友，杨振宁不禁流下了热泪。每每想起这位挚友，他总会忍不住情绪激动，胸中激荡。

1971 年，经过周恩来总理的精心斡旋和安排，杨振宁回到了阔别 20

多年的祖国。他列出最想见的人员名单里，第一个就是同窗挚友邓稼先。

然而，此时邓稼先正在西北试验基地的学习班蒙受“批判”。当他接到中央通知，千里迢迢赶回北京饭店，见到老朋友杨振宁时，却无法回答“你从事什么工作？为什么回国后没有任何消息？”等简单的问题，处境十分尴尬。

于是，杨振宁换了一种提问方式，提出“听说中国的原子弹和氢弹是两个美国人帮助搞出来的，是否属实？”的问题，也让邓稼先欲言又止。杨振宁满怀疑虑和遗憾，离开了北京去上海访问。

周恩来总理很快得知此事后，打电话告诉邓稼先并请他转告杨振宁，“中国的‘两弹’完全是由中国人自己研制的，没有任何外国人参加。”当杨振宁在上海大厦宴会厅接到邓稼先这封信时，顿时激动得不能自已，躲进卫生间里泪流满面。他知道，才华横溢而又境遇艰难的邓稼先必定是中国“两弹”的研制者和大功臣。

后来的人经常拿邓稼先与杨振宁的选择做对比，甚至有人为邓稼先不值，但杨振宁真切的眼泪表明，在那一代人的心中，什么样的选择更值得尊重……

04

邓稼先是在没有任何理论借鉴和技术资料的困境下，经过艰苦奋战，成功地实现了“零”的突破，为中国第一颗原子弹的诞生提供了理论设计。

在当时，也许只有戈壁的沙漠与天空中的白云知道，邓稼先为了这一天，承载了多少艰辛和压力。

苏联专家撤走时，留下一句话：“在原子领域里，你们中国人的大脑还是一片空白！”那是1959年6月，这个日子被用作我国第一颗原子弹的代号“596”。

攻关的岁月正是国家困难时期。奋战的年轻人常常在紧张的运算之后，疲惫地喊饿。

同样饥肠辘辘的邓稼先会绞尽脑汁为他们申请伙食，在商品紧缺的年代，他常帮助了别人，却给自身带来困窘。可研究上一旦有进展，他还是想有所表示。这时，他就会悄悄溜出去，买些火烧回来，大伙一哄而上。他会在一旁笑着说：“也给我留一口啊！”

那些日子，邓稼先就像无足的鸟，四处游荡，妻子根本不知道他在何方，许鹿希深感惆怅：“给他买东西我愿意。但是，人在什么地方，过着什么样的生活，我一点都不知道。那些年，好像给他买东西特别勤。说起来也真奇怪，那时候，我对他的思念就全在这突如其来的带东西上了。”

在突破原子弹理论设计的关键时刻，王淦昌、彭桓武、郭永怀加入了这支队伍。邓稼先激动地称他们是三尊大“菩萨”，他是“菩萨”身边的小童子。攻关的日子，邓稼先白天要到图书馆查找资料，晚上要阅判计算的数值。脸顾不上洗，头顾不上理。

1963年初，中国第一颗原子弹理论设计方案按预定计划诞生了。39岁的邓稼先在这份历史性的文件上，郑重地签署了自己的名字。

05

1963年初春，原子弹的冷试验成功之后，邓稼先所在的二机部九

邓稼先与夫人许鹿希及他们的女儿、儿子

1949 年，邓稼先（中）与杨振宁（左）、杨振平（右）兄弟合影于美国芝加哥大学

1979 年，邓稼先（左）与赵敬璞合影于核试验基地的戈壁滩

院要远迁到青海的金银滩。接到通知后，邓稼先急忙奔向北京大学的朗润园，向父母辞别。

母亲心疼地说："你不能换个新课题研究吗？瞧你，为那个氘呀氚呀的，弄得连家都回不来，把人也折腾呆了，哑了。看你这个样子，真让妈妈我心痛啊！"

邓稼先强作欢颜："妈妈，我早就改换研究题目了。只是因为工作太忙，不能常来陪妈妈和爸爸呀！"说完，他起身，依依不舍地告别了父母。

在高寒缺氧的青藏高原，自然条件非常恶劣。科研之余，邓稼先不仅教年轻人学唱京剧《望江亭》《杨门女将》，还教年轻人练体操。天寒地冻、风雪交加的时候，他便领着大伙在室内"跳木马"，他常常手扶双腿当"木马"，让年轻人一个个从自己背上跳过去。他们玩出汗了，弓着身的邓稼先却手脚冰凉。当他直起腰，一边活动手脚一边对围上来的年轻人说："这就叫互相跨越。"

李觉将军称邓稼先是"娃娃头"，说他把欢乐带给了青年人，而青年人在他的带领下，把优异的科研成果奉献给了祖国。就是他们，在青海的金银滩上造出了原子弹试验模型。

1964 年 5 月，中国第一颗原子弹在青海高原总装成功。两个月后，"原子城"的科研人员陆续向着新疆罗布泊试验场集结。

原子弹交付试验前，紧张和焦虑吞噬着邓稼先的心：在原理方面一点漏洞都没有了吗？好几十万个数字的计算是否都准确？那么多的零部件是否都合乎指标要求？材料性能怎么样？……这一连串问题搅扰得他手脚发凉。许多领导又兴奋又紧张，忍不住都来问邓稼先有没有把握，他只能笑而不答。有时被问得实在躲不过去了，他就说："反正能想到的问题全想到了。"

1964年10月16日，当第一颗原子弹爆发出惊天巨响，邓稼先喜极而泣，热泪长流。

紧接着，邓稼先又组织领导了中国第一颗氢弹的理论设计工作。1967年6月17日，中国成功地爆炸了第一颗氢弹，震惊了世界。

06

许鹿希老人保存着一张特殊的照片，那是邓稼先寻得那颗未爆核弹时拍下的。平时的邓稼先从来不拍工作照，可能是他在找到这核弹以后，意识到这事对自己的身体会有巨大的影响，就一反平素的习惯，在上吉普车前返回时，主动要求和他同去的二机部副部长赵敬璞一起拍了这张照片作纪念。之后，邓稼先怕许鹿希担心，从没给她看过这张照片。现在这张，是她在赵副部长那里见到之后自己翻拍的。

在一次试验中，氢弹从飞机上下来，降落伞没有打开，直接掉在地上，幸好没有爆炸，但是摔碎了，碎片散落在地面，一百多个防化兵去找都没有找到。邓稼先就亲自去了。结果被他找到了，不由自主地用双手捧起碎弹片查找问题。瞬间，他急忙扔到地上，他清楚钚和铀的放射毒性。但辐射的恶果已经深深埋下……

邓稼先因受到核辐射影响，健康状况每况愈下。在步履艰难之时，他仍坚持要自己去装雷管，并首次以院长的权威向周围的人下命令："你们还年轻，你们不能去！"

1985年，邓稼先回到北京，医生强迫他住院治疗，癌细胞已开始吞噬邓稼先的生命。面对妻子以及国防部长张爱萍的安慰，他平静地说："我知道这一天会来的，但没想到它来得这样快。"

此时，邓稼先已经隐姓埋名地秘密从事两弹研究近 30 年。

1986 年 6 月，中国各大报纸均在首要位置介绍这位了不起的科学家：名字鲜为人知，功绩举世瞩目，"两弹元勋"——邓稼先。

远在美国的挚友杨振宁赶来看望，在医院里与邓稼先、许鹿希合影，这是邓稼先留下的最后一张照片，当时他正在大出血，嘴角上还有擦不净的血痕。由于那次严重的辐射，邓稼先的身体血质发生了重大变化，骨髓里有了放射线，所以一做化疗，全身就大出血，背上的出血瘢有面盆那么大，嘴里全是血，耳朵里也是血，非常痛苦，更难挽救。药物已经完全不起作用。

1986 年 7 月 29 日，身为医学博士的许鹿希无力地握着邓稼先的双手，喃喃地哭道："他的血流尽了。"

62 岁的邓稼先死于直肠癌。

"踏遍戈壁共草原，连克千重关；君视名利如粪土，许身国威壮河山！"这是后人追悼邓稼先的一道挽联，也是邓稼先的人生写照。

07

1999 年 9 月 18 日，北京召开"两弹一星"功臣表彰大会。在中央电视台所做的实况转播中，会场里始终洋溢着昂奋、激动人心的气氛。但是突然间，一个插入的镜头里，有一位坐在台下的老年妇女，突然伏在前排椅背上抽泣起来。

她就是许鹿希。

事后，她回忆说：“人家都高兴，我怎么哭起来了呢？同这个场合不合拍，挺抱歉的……”

相信所有的人都能理解这位老人的心情。正如她所言：“当时，只是想到，他如果还在世那该多好！”

多年来，有些人在了解了邓稼先的经历后，会为邓稼先感到遗憾，会产生困惑“这样的选择到底值不值得”。

许鹿希老人的回答是：“我的女儿不满 15 岁就插队去了内蒙古，说到当时边界上集结了苏联的百万军队，她立刻就理解爸爸了，认为爸爸的一生很值得，那个事业不是所有的知识分子都有机会去贡献的，他使国家有了脊梁骨……”

……

电影《邓稼先》最后一个镜头，有这样一幕特别的安排：在国庆 60 周年阅兵式后，邓稼先仿佛又回到了天安门广场，一个人默默地坐在人民英雄纪念碑的台阶上，望着漫天飞舞的气球和鸽子，看着人们自豪欢乐的笑脸，他也笑了，沧桑的脸上布满欣慰的泪水……

声音 · 许身国威壮山河

“我不爱武器，我爱和平，但为了和平，我们需要武器。假如生命终结后可以再生，那么我仍然选择中国，选择核事业。”

“一不为名，二不为利，但工作目标要奔世界先进水平。”

“未来工作是一项崇高的事业，做好这件事，我这一生就过得很有意义，就是为它死了也值得。”

母亲·戎冠秀

文/成 露

戎冠秀

（1896—1989），全国著名劳模。新中国成立后，历任河北平山县下盘松村大队支部副书记、平山县委委员、平山县妇女联合会名誉主任。1950 年 9 月出席全国工农兵劳动模范代表会议。2009 年被评为“100 位为新中国成立作出突出贡献的英雄模范人物”。

意大利诗人但丁说，“世界上有一种最美丽的声音，那便是母亲的呼唤。”

母亲——那是戎冠秀奋其一生都在诠释的角色，中国的传奇劳模画廊里由此多了一个独特的形象。

01

每到清明，李耿成都会翻出一大堆老照片，一边整理，一边回忆奶奶。

这些照片是戎冠秀不同时期留下的鲜活影像。作为长孙，李耿成有幸在奶奶戎冠秀身边生活了 10 年，直到 13 岁到外地上学才离开她。他对自己珍藏的奶奶的每张照片都不陌生，照片背后的故事更是向人讲过了许多遍。

戎冠秀安葬在石家庄的华北烈士陵园，每隔几年去那里祭拜时，李耿成就会在陵园登记簿上看到一长串的新名字，都是来缅怀、追思这位老劳模的。2007 年夏天，戎冠秀铜像和浮雕在陵园内落成，浮雕将戎冠秀的一生浓缩成“救护伤员”“做军鞋”“送子参军”“参加全国劳模大会”四个部分供后人瞻仰。

每每提起奶奶，李耿成的心中便会激荡起一份光荣和感动，也更深刻地感悟到祖母的人生价值。

意大利诗人但丁说过，“世界上有一种最美丽的声音，那便是母亲的呼唤。”

母亲——那是戎冠秀奋其一生都在诠释的角色，中国的传奇劳模画廊里由此多了一个独特的形象。

1950 年，戎冠秀参加全国工农兵劳模大会，在火车站受到各界代表的热烈欢迎

1950 年，戎冠秀参加全国工农兵劳模大会，在赴京火车上接受采访

02

“一级护理，两个小时翻一次身。”老军医给年轻护士下达了罕见的命令。

“她？一个农村老太太……”年轻的护士一脸疑问。

“对，她就是我们的妈妈！”

听完老军医讲的眼前这位“农村老太太”的故事，年轻的护士肃然起敬，亲手做了一个海绵垫圈，放在老人的身下，使身体的每个部位都通风。卧床一年多，戎冠秀竟没有生一点褥疮。

1989 年 8 月，弥留之际，老人神志恍惚，口中喃喃道：“孩子们，好好养伤，养好了消灭敌人。”她的心仿佛又回到了 40 多年前的烽火岁月。

1943 年秋天，日军对晋察冀边区实行疯狂的“大扫荡”。

此时的戎冠秀是下盘松村的妇救会会长、伤病员转运站站长。指挥群众转移后，她忽然发现一名负伤的八路军战士正被日军追赶，急忙背起伤员往山上跑。半山腰有一个山洞，由于太高，伤员爬不上去。戎冠秀当即跪下，让伤员踩着她的双肩向山洞里爬，又用手托起伤员的脚将其推入山洞。伤员当时患了痢疾，生命垂危，戎冠秀找来食物和中草药，一口一口地喂伤员……

在烽火岁月里，戎冠秀艰难地迈着缠裹过的小脚，领着小脚妇救会会员抬着伤员在崎岖的山路上奔跑，冒着生命危险抢救过多少伤员，她自己也数不清。多少个日夜，那些负伤战士从昏迷中醒来时，痊愈后离去时，都把她当成了“娘”。

1944 年 2 月，在晋察冀边区第一届群英会上，军区司令员聂荣臻代表边区人民授予戎冠秀“子弟兵的母亲”光荣称号。大家习惯喊她“戎妈妈”。

著名戏剧家胡可在晚年回忆道——那天，戎冠秀穿着打了补丁的粗布袄，安详地坐在那些模范人物中间。她是最后一个发言的，但她的发言却吸引了每一个到会的人。她站在讲台上，把两只大手搭在一起，像拉家常那样叙述了自己掩护和抢救八路军伤病员的经过。她讲得没有一点拘束，没有一点虚夸，像是对着自己的亲人述说着那些自己应当要做的事情。大家鸦雀无声地听着，深深被她那母亲般的对子弟兵的疼爱之情所打动。

戎冠秀在掌声中走下了讲台，刚刚被授予“战斗英雄”的邓世军健步如飞地跑上前，紧紧地握着她的手不放。此刻，邓世军才知道，原来那个让自己踩着她的肩膀躲进山洞养伤的母亲就是戎冠秀。戎冠秀也高兴地摸着战斗英雄的伤疤，疼爱地问长问短，就像一对久别重逢的母子。

历史给两位英雄留下了珍贵的合影。群英大会后，邓世军又给戎冠秀写了信，信中说：“你是伟大的母亲，我愿将我的枪端得平平的，瞄得准准的，去射击万恶的敌人，保卫你，保卫我们的晋察冀……”

想不到的是，1950 年 9 月，戎冠秀和邓世军在中南海怀仁堂又不期而遇。他们一个是“劳动英雄”，一个是“战斗英雄”，共同参加了新中国历史上第一次全国劳模大会——全国工农兵劳模大会，一起亲眼见证了新中国开国劳模的高光时刻。遗憾的是，1959 年国庆十周年，戎冠秀到北京参加国庆观礼，却听到邓世军牺牲在了朝鲜战场上，她一下子两腿发软，靠在凳子上哭起来，跟听到她的三儿子牺牲在朝鲜战场上是一样的痛。

下盘松村地处太行山深处，李耿成印象深刻地说："山上都是羊肠小道，我年轻时爬到半道就累得气喘吁吁，想想当年奶奶是一双小脚，却要常常抬担架运伤病员，或是背着伤员进山躲避敌人，每天要上山送饭，碰到难走的地方，都要跪着用膝盖往前挪，那是需要一种精神的。"

03

1950 年 10 月 21 日，《人民日报》刊登了一则消息，报道全国劳模代表参加完新中国第一次劳模大会返回工作岗位后受到广大群众热烈欢迎的场面。消息中这样写道："戎冠秀回到保定，刚一下车，欢迎的群众就高呼：'母亲来了，欢迎我们的母亲！'她走到哪里，群众都用这种亲切的称呼来欢迎她。"

就在前一年，戎冠秀还作为华北区人民代表出席了全国第一届政治协商会议，并参加了开国大典。

国宴上，毛主席握住戎冠秀的双手，亲切地问："你叫什么名字？"

戎冠秀很紧张，抖动着嘴唇说："我叫戎冠秀。"

"哦"，毛主席笑了，"这个名字，我知道，记得。"

听到这句话，戎冠秀居然当着毛主席的面哭了。

在长孙李耿成的记忆里，尽管他从 3 岁起就和奶奶戎冠秀在一起生活，但奶奶鲜少主动跟几个孙辈讲过去的故事。"很多时候，都是别人要她讲，我站在一边听。后来通过书本、电影、画报才了解到她的故事。她跟我们说得最多的是'学好知识，装进脑里，这是谁也偷不走的财富’。”

早在 1944 年末，戎冠秀就被晋察冀边区授予“劳动英雄”的称号。此前的第一届群英大会，奖励给戎冠秀一头骡子、一把铁锹和一匹布。会议闭幕后，戎冠秀骑着大红骡子，在一个班的战士护送下回家。

著名电影表演艺术家胡朋曾经回忆戎冠秀：“她穿着一身破旧的黑棉袄，袖口已经露出了棉花，说话的时候还不时地用手把棉絮往里塞一下。我就从自己衣服的底襟剪下来一块，和她一起给袖口打了补丁。正巧，大会发给她的奖品中有一匹布，多么盼望她能做一件新衣服。”

一到家，戎冠秀却开了个家庭会议，提议把一匹布分成 36 份，分给全村 30 多户群众做鞋面，骡子和铁锹由她保管，供全村群众搞生产。这一提议得到了大家的赞成。

为了更好地搞好生产支援前线，戎冠秀跑几十里山路向人请教种棉方法。她选了一块田，精耕细作，秋收时节，满地的棉桃绽开了嘴，白花花一片。她成了太行山深处第一个种棉人。有了棉花，她又学纺线织布，利用到县里开会的机会跟房东学会了纺织技术，搬来一台纺车，培训出了一批纺织能手，用自己种的棉花自己织的布做了第一批军衣。

04

20 世纪 60 年代，有一部老电影《槐树庄》曾风靡大江南北，几十年过去了，剧中那个郭大娘很多人记忆犹新。郭大娘的原型就是戎冠秀，一个中国劳动妇女的典型。

新中国成立后，戎冠秀一直生活在下盘松村。在孙辈的印象里，戎冠秀最常说的一句话就是：“劳动可不是一般的事儿，劳动最光荣。”年

1962 年，戎冠秀参观第一拖拉机厂

届花甲，每天清晨，她都背起粪筐去拾粪。虽然经常出席各种会议，可每年出工都在 170 天以上。

早饭午饭时间，孙辈们几乎看不到戎冠秀的身影，那时她是村里的大队支部副书记，几乎顿顿端着个大海碗，把饭盛得满满的，走街串户，一边吃一边安排生产，商量工作。

1964 年 8 月 10 日，《河北日报》在二版上刊登了戎冠秀口述的一篇文章："热爱劳动和厌恶劳动，是无产阶级和资产阶级两个不同阶级的反映。不劳动又要多享受，就得多吃多占，脱离群众，走上蜕化变质的危险道路。……我除了开会有事，天天跟大家一样下地劳动。劳动可不是一般的事情，是大事情。我今年 68 岁了，重活干不动，就干一些力所能及的轻活。这样不光带动群众积极参加生产劳动，生产、工作中的问题能看得见，群众的反映也听得到。"

1965 年，在全国人大代表会议上，戎冠秀见到了老朋友胡朋。胡朋叫上作家魏巍，约了她一起逛东安市场，在东来顺吃涮羊肉。当时戎冠秀已年近 70 岁，在武汉工作的大女儿想把她接过去一起生活。她对胡朋说："党培养我是为了让我工作，不是让我享清福的，别看我快 70 岁了，但在生产上我还能带头，劳动起来男劳力也赶不上我。唉，我什么也不愁，就是愁村里生产上不去。"

有一年，长孙李耿成回家探亲。那时戎冠秀已 70 多岁了，却还常常上山种树。初春，山上很冷，还有积雪，戎冠秀却还能自如地爬上去，和青壮年一起挖鱼鳞坑，植树造林。地还没有解冻，一镐下去，只能刨一个白点儿，中午也不回家吃饭，啃玉米饼子充饥，抓积雪解渴。

这一幕让李耿成心疼落泪又肃然起敬。"要不是我亲眼所见，真的很难相信一个古稀老人有那么大的干劲。”

“文革”期间，戎冠秀竟也遭到批斗。当造反派蛮横地逼她“交代问题”时，她只有两句话：“我什么也不记得。就记得我是党员，要跟党走到底！”

1978 年，春风欲来满眼春。82 岁的戎冠秀作为第五届全国人大代表又进京了。她激动得彻夜难眠。“我还不老，要跟上年轻人的脚步，一起建设四个现代化。”

05

1986 年农历九月二十九，是戎冠秀的 90 大寿。家人们从北京、邯郸、张家口等地赶回下盘松村团聚。戎冠秀对儿孙们却说：“我死后一定要火化，丧事越简单越好，千万不要铺张浪费。”她还亲自做了寿衣，里子是旧粗布。

作为烈士家属，国家每月发给戎冠秀 50 元生活补助。逢年过节，当地领导还带着慰问品去看望。按照山区的生活消费水平，戎冠秀算是很“富裕”了。但她总是说：“生活上越是富裕，越要坚持勤俭节约。”

看到村里穷，小学校舍低矮破旧，孩子们没地方念书，戎冠秀就把土改时分的五间大瓦房无偿地让给了学校，自己搬到坡下两间小平房去住。她还用自己节省下来的钱给小学买了皮球、万花筒等玩具，供孩子们课间玩儿。起初，孙辈们不理解她，还埋怨她。她却说：“光自己玩儿有啥好？大家一起玩多开心！”

新中国成立后，县政府要派小汽车送她进京参加全国人大会议。戎冠秀不同意，说浪费汽油，硬是骑着小毛驴到县城换乘公共汽车。1954

1960 年，戎冠秀与长孙李耿成合影

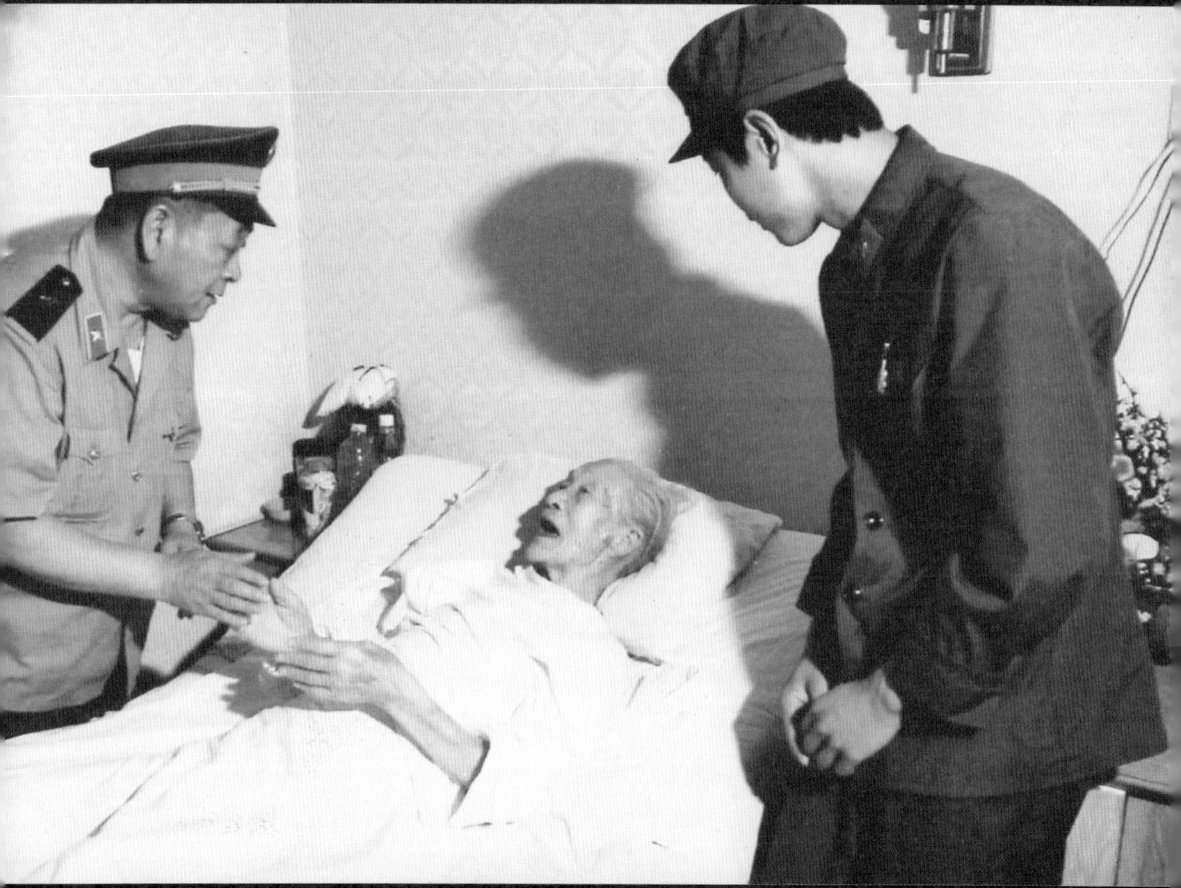

1989 年 7 月，河北省军区首长到白求恩医院看望戎冠秀

1978年，戎冠秀与邓颖超重逢，俩人激动相拥

年，国家发给戎冠秀一套灰卡叽布制服，她只有进省城或上北京开会时才舍得穿。后来，这套衣服送给了村里的五保户。

留在孙辈印象中的是戎冠秀规定的“三不能”家训——“吃饼不能剩块，吃饭不能剩底，吃米不能掉粒”。1964 年，孙子到离家 60 多里的中学读书。临走时，戎冠秀送给他一个刷牙缸，嘱咐说：“这是我外出开会时用过的，虽然旧点，但还能用，你要记住：只有好好学习，勤俭节约才有出息。”

长孙结婚时，乡亲们问戎冠秀：“大孙子结婚，您送点什么呢？”戎冠秀回答：“一把锄头，一把锨，回家就下地干活儿去。”

至今，戎冠秀留下的那个刷牙缸一直伴随着李耿成。尽管刷牙缸上“团结、紧张、严肃、活泼”的字样已有些模糊，但李耿成却视若珍宝。

06

晚年，当地政府要把戎冠秀接到城里住。戎冠秀几次对前去接她的工作人员说：“我不去，在山里住习惯了，日子也比过去强很多，不愁吃不愁穿，我不能给国家添麻烦了。”她执意不进城，始终住在生活了大半生的下盘松村。

有一年，一个孙子从部队复员回村，村干部对戎冠秀说：“您跟领导说说，给孙子在外边找个事儿干吧！”戎冠秀说：“家里外头一个样，都是给国家干事，我这一辈子不是都在村里嘛。”孙子听了祖母的话，安心地在村里扎了根。

八九十岁时，戎冠秀还坐在院子里给青少年、新兵讲传统，在村口等候拉练部队路过请他们喝口水，跟他们说说话。还能拿动针线的时候，就用碎布头拼坐垫，一块一尺见方的坐垫，要用80多块碎布头才能缝成。

1987年底，91岁高龄的戎冠秀身患重病，各级领导多次到家里看望，劝她到省里看病。她总是一句话谢绝："我老了，不能给国家做工作了，不要再给国家添麻烦了。"

一天，一个医疗小分队进了下盘松村，誓要接戎冠秀进城治疗。但救护车在大门口等了好几天，戎冠秀就是不上车。

二女婿从邯郸回来了，他领到一项特殊的任务，就是劝说戎冠秀进城治疗。女婿灵机一动，哄母亲说："咱不进城，就到乡卫生院看看吧。上午去，下午回。"戎冠秀已经被病痛折磨得满头大汗，便同意了。

戎冠秀一上车，车子就直奔石家庄。戎冠秀发现"上当"了，批评二女儿："这都是你的鬼主意。"

07

1988年1月14日，戎冠秀被送进了白求恩医院。

诊断结果，她的胆总管内有十几块大小不同的结石，两块最大的死死堵住了胆管口。发炎的胆囊比正常人的大一倍。但老人太虚弱了，一米七的个子只有90多斤重，手术做不得，只能保守治疗。

5月27日，康克清从北京赶到石家庄白求恩医院看望戎冠秀，只见她双眼微闭，安详地躺在病榻上。

戎冠秀的大女儿凑在老人的耳边轻声说："娘，康妈妈来看望您老人家了，还认识吗？"戎冠秀吃力地睁开眼睛，轻轻点头，挣扎着想坐起来，说点什么，但声音微弱，几乎听不见她的话语。康克清紧握戎冠秀劳动了一辈子的手，安慰说：“你为人民服务了一辈子，现在有病，安心治疗养病。”

同年 6 月，聂荣臻元帅得知戎冠秀老人生病住院后，专门托人去探望，并将一束“勿忘我”鲜花送到老人病榻前，戎冠秀看到花后很激动，嘱托女儿也给聂帅捎去一束“勿忘我”。

就在前一年，快过八一建军节了，戎冠秀从箱底翻出一双鞋底，让平山县妇联给聂荣臻元帅做一双鞋子，并寄去一封信：“我和平山老区的乡亲们都很想您，给您寄去您当年喜欢穿的布鞋，这是村里年轻人按咱老妇救会的规格做的，不知合脚不？”

聂荣臻元帅很快回了信。信中说：“这双鞋虽然很普通，但它包含了老区人民的心意，是军民鱼水情的结晶。”

1989 年 8 月 12 日，正在病中的聂荣臻元帅，听到戎冠秀逝世的消息，十分难过，他把那双布鞋摆放在自己住室的茶几上，久久地看着……

2009 年，戎冠秀的名字刻在了“100 位为新中国成立作出突出贡献的英雄模范人物”的时代丰碑上。

这是共和国颁给一位英雄母亲的勋章。

声音 · 军民一家亲鱼水万世情

“劳动可不是一般的事儿，劳动最光荣。”

“我是党员，要跟党走到底。”

“生活上越是富裕，越要坚持勤俭节约。”

心愿·吴运铎

文/郑 莉

吴运铎

（1917—1991），湖北省武汉市人。抗日战争时期革命根据地兵工事业开拓者、新中国第一代工人作家。1951年，被授予特邀全国劳模称号。抗战时期他带领职工自制枪弹，为提高部队火力作出贡献。在生产与研制武器弹药中多次负伤，失去了左眼，左手右腿致残，经过20余次手术，身上留有几十处弹片，仍以顽强毅力坚持战斗在生产第一线。

“我是吴运铎，欢迎你！”一位身穿灰色粗布工作服的老人，正伸出枯枝般的手臂，年轻人赶忙迎上去，双手紧紧握住。

老人是被誉为“中国的保尔·柯察金”的新中国兵器制造专家吴运铎。年轻人名叫何朝海。

这一刻，何朝海绝想不到，他的后半生将与吴运铎这个名字产生无法割舍的联系，并为面前这位老人筹资建起纪念馆。

01

那是 1978 年。

秋日的北京被金色的银杏树包裹，在阳光下散发出温暖的光芒。一个身穿草绿色军装、斜背帆布挎包的年轻人，无暇欣赏身旁的风景，步履匆忙。

在北京市海淀区甘家口街道的一栋灰色四层小楼前，他停下脚步，掏出红皮笔记本再次确认地址。“就是这里！”等了 13 年，他终于要见到自己的偶像了。

一步两个台阶，年轻人很快登上了最顶层。他正了正背包、拉平衣角，深深呼出一口气，轻轻敲响房门。

“哪位？”门里一个苍老的声音问道。

“我叫何朝海……请问是吴运铎老英雄的家吗？”年轻人声音颤抖。

“请进请进。”大门开启，一位老妇人忙着把年轻人让进屋。

走进一间简陋的卧室，他愣住了：房间显得有些拥挤，不足 10 平方米的空间里，一张上下铺的铁床摆满奇形怪状的实验工具，只在下铺的外侧挤出一人宽的地方铺上被褥，桌子上、书架里摞着不计其数的书籍，连地上都堆着工具。

“我是吴运铎，欢迎你！”一位身穿灰色粗布工作服的老人，正伸出枯枝般的手臂，年轻人赶忙迎上去，双手紧紧握住。

这一刻，何朝海绝想不到，他的后半生将与吴运铎这个名字产生无法割舍的联系，并为面前这位老人筹资建起纪念馆。

02

“轰！”1947 年 9 月 23 日中午，大连甘井子一个叫老虎牙的山洼里，一声巨响让山坡外的人们吓得一哆嗦。

巨大的爆炸气浪把时任大连建新公司工程部副部长、引信厂厂长的吴运铎抛向空中，甩到了五六丈外的海滩沙地上。当人们把吴运铎送到医院时，他已经成了血人，一个多月后才醒了过来。

出事时，吴运铎正与炮弹厂厂长吴屏周试验仿照日本炮弹制造的新炮弹。

他们将其他人留在山外，把 8 枚炮弹运进了山。在海岸边的山脚下，选好了试验场。然而，试到第 7 枚炮弹时，意外发生了。

拉动引线后，炮弹“哑巴”了。“按老规矩，抽支烟等一等。”吴运铎掏出一根烟递给吴屏周。两人低着头抽闷烟，吴运铎皱着眉头琢磨着炮弹不响的原因。

突然，吴屏周摔掉手里的半根烟，从岩石后蹿出去跑向炮弹。“这回该我了，你别来！”

“等一下，先别动手！”吴运铎边追边喊。

没想到，炮弹像山崩地裂一样突然炸响。吴屏周当场牺牲，吴运铎被送往医院抢救。

这是吴运铎第三次被炸成重伤。此前两次重伤，已使他左手四个指头被炸掉，左眼的水晶体也被碎片炸破。

一个月后的清晨，吴运铎清醒了过来。他感到手脚被什么东西夹住，伤口疼痛难忍。睁开眼，看到妻子陆平担忧地紧紧抓住他的手，唯恐他从床上滚下地。

身旁，医生们正忙着换药。一阵钻心的疼痛，吴运铎轻哼了一声，豆大的汗珠滚了下来。此时，他意识到，自己彻底成了残废。想到从此再也不能拿起铁锤和锉刀工作，他恨得流下了眼泪。

“只要我活着一天，我一定为党和人民工作一天。”吴运铎不甘心。两个月后，他的身体刚刚可以坐起来，便请求医生搬来木板当桌子，在病床上写起了有关信管制造的心得，希望帮助其他战友少走弯路。一连三天，他连写带绘图，完成了写作。

随即，吴运铎给自己制定了课程表，除了每天在床上做早操和晚操锻炼身体，他开始如饥似渴地攻读各种理论书和外科医药知识，甚至自学日语，方便掌握第一手日本枪炮制造技术资料。

春日的阳光飞越海岸线上的山峦，穿过玻璃照进病房。

一天，吴运铎觉得自己恢复得很好，想试试走路。接过妻子递来的两根拐杖，他夹在腋下，左脚一登，身体一挺，竟离开了躺了七个月的病床，站起来了。

“我能走啦！”吴运铎小孩子般开怀大笑，打破了病房的宁静。

“能动就能工作！”吴运铎请求上级买了一套化学仪器，把病房变成实验室，专心于兵工研究，创造了一种高级炸药。

1948 年的上半年，吴运铎回到了工厂。不久，他研制的仿美 M48 引信和仿美 75 毫米山炮弹成批投入了生产。

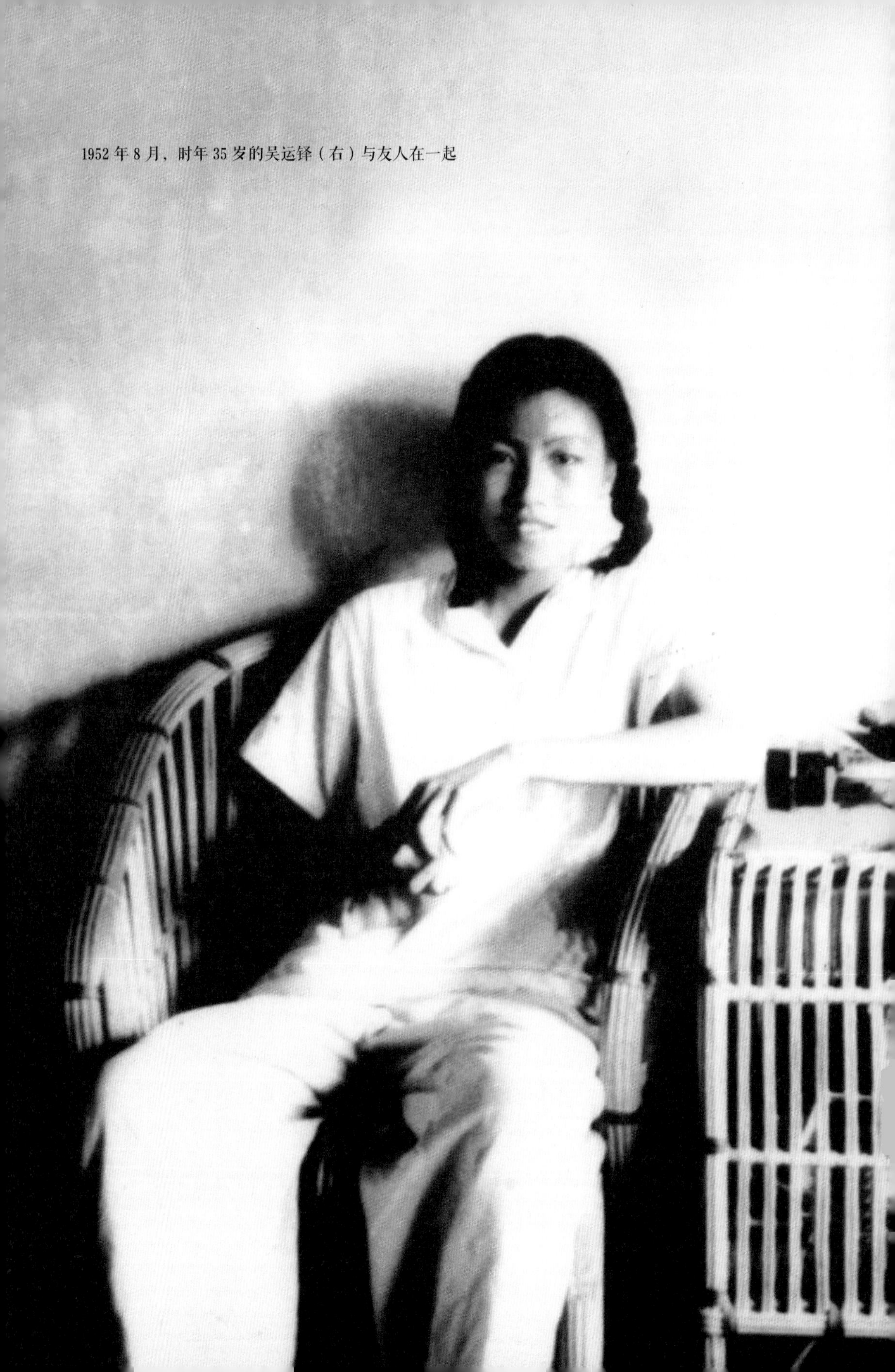

1952年8月，时年35岁的吴运铎（右）与友人在一起

03

2011 年 10 月 7 日，国庆长假最后一天。

北京前门老舍茶馆旁一间昏暗的办公室里，吴运铎纪念馆创始人何朝海捧起一张老照片端详着。

黑白照片上，呢子外套、高领毛衣，吴运铎脸上挂着浅浅的微笑，光线打在左脸上，失明的左眼在苏联治疗后重见光明。年轻的吴运铎看起来很精神。

“不过，老年的吴运铎可不是这副模样。”回忆起第一次见到吴运铎的情形，年过花甲的何朝海恍如隔世。在何朝海的想象里，吴运铎应该是伟岸、强壮、英气，文武双全，像武松。但眼前的老人，眼窝深陷、颧骨突出、脊背微驼……

何朝海见到吴运铎那年，吴运铎刚刚结束河北魏县的“下放劳动”，50 岁的人，看起来像 70 岁。

何朝海知道，吴运铎的衰老“都是让伤病折磨的”。

吴运铎被誉为“中国的保尔・柯察金”。在战争年代，他多次负伤，经过 20 余次手术，身上有 100 多处伤痕，体内仍然留着几十块弹片。

谁不知道枪炮无眼，火药无情？但吴运铎更清楚的是，前方的战友缺乏武器、急需弹药。

在那个烽火连天的年代，解放区的兵工就像“简陋、粗糙”的“铁匠铺”——把水井的辘轳固定在支架上，井绳上吊一块 100 多公斤的铁疙瘩，就成了锻打枪体、炮弹壳的“手摇汽锤”；在磨粮食的石磨轴上，套一条粗布缝制的传送带，就成了“人推发动机”；将手电筒灯珠磨出一个口往里面塞火药，一通电就成了“电发雷管”；工作受伤后，用磁铁吸弹片，用蚂蟥吸伤口的血。

就是在这样的“铁匠铺”里，建成了我军第一个军械修造车间，并首次制造出步枪和第一批平射炮、枪榴弹；制造出 42 厘米口径、射程可达 4 公里的火炮；研制了拉雷、电发踏雷、化学踏雷、定时地雷等多种地雷；在只有 8 个人的条件下，年产 60 万发子弹……

吴运铎身上那股自强不息的坚韧劲儿和对共产主义事业的无限忠诚，正是百废待兴的新中国迫切需要并极力发扬的。

1950 年 10 月 5 日，《人民日报》在显要位置刊发了一篇题为《钢铁是这样炼成的——介绍中国的保尔·柯察金兵工功臣吴运铎》的专题报道，将这位中国抗日战争时期革命根据地兵工事业的开拓者介绍给了全国人民。

很快，吴运铎的自传体小说《把一切献给党》面世，从此深深影响了几代中国人。小说被译成 7 种文字，在国外广为流传。

《钢铁是怎样炼成的》作者奥斯特洛夫斯基的夫人听说了“中国保尔”的事迹，特意看望了正在苏联治病的吴运铎。甚至，在莫斯科高尔基大街 14 号建立起“中国保尔纪念馆”，以示对他崇高的敬意。

04

吴运铎也是苦孩子出身。

1917 年，他出生在江西萍乡煤矿（即安源煤矿）。这个煤矿的工人斗争在中国革命历史上占有重要一页。中国共产党早年间便在这里率先创办了工人补习学校，成立了工人俱乐部，教育工人群众，发展党组织，职工子弟不用花钱就可以进学校念书。刘少奇、李立三、蒋先云等曾成功发起安源大罢工。

这些都对年幼的吴运铎产生着潜移默化的影响。

1925 年，8 岁的吴运铎还没来得及体味童年的快乐，第一次国内革命战争爆发了。这一年的 9 月，安源煤矿工人领袖黄静源被杀。到了 1927 年，安源煤矿彻底陷入“白色恐怖”：每隔两三天，吴运铎就会看到一批人被绑到工人俱乐部前的草坪上枪杀。紧接着，学校停办，吴运铎失学了。

吴运铎的父亲平时省吃俭用，就想攒下几个钱供孩子们念书，学本事。但他的梦想完全破灭了，煤矿停工，存钱的银行也倒闭了。矿上滥印的“矿票”如同废纸。家里的生活越过越苦，最后连稀饭都喝不上。

12 岁的吴运铎主动跑出去找了一份到锅炉房拣煤渣的差事，卖力挣钱。冬天，大雪盖满安源山。吴运铎瘦小的肩膀挑起箩筐，从早忙到晚，夹在大人堆里奔走。身上一件破棉袄，腰上扎着一根草绳，赤脚穿着草鞋，脚常被碎冰块割出一道道血口子。

由于生活所迫，父亲最终还是带着全家回到湖北老家。吴运铎进了富源煤矿当起了小矿工。

在矿上，吴运铎开始学习维修机器。每月发了几块钱的工钱后，他第一件事就是拿出一点钱去买书报。书成了他生活中不可缺少的一部分。

夏天，阁楼里热得浑身流汗，冬天冷得伸不开五指，他全然不顾，盘着腿趴在破箱子上读书、做笔记，把全部的快乐都融进了书本里。他知道了电是怎样产生的，懂得了发电机的构造。书本里的知识，打开了他聪明才智的闸门，他也渐渐成了工友心中的“能人”。

05

1938年抗日战争白热化，日本侵略军占领了煤矿。许多矿工拿起武器，参加了鄂东抗日游击队。9月，吴运铎启程前往江西萍乡参加了新四军。

汉口、岳州、长沙……每到一个城市，满眼焦土。听着孩子的啼哭、母亲的叹息，看到因缺医少药躺着等死的病人，吴运铎的心几乎要炸开了，“祖国在苦难中，人民在苦难中，再不拿起武器，真白活了！”

抵达萍乡，与久别的母亲和妹妹短暂相聚后，吴运铎便与三个同伴一起走上了为民族抗争的道路。

向东、向东——火车喘着粗气一路狂奔，但吴运铎总嫌跑得太慢。两天两夜后，他们抵达南昌，找到了新四军办事处。

穿上军装，吴运铎与伙伴你看看我，我看看你，咧开嘴憨笑：“这世界上再没有比这更漂亮的衣裳了。”

吴运铎一门心思想尽快上前线打鬼子。可过了些日子，依然不见出发号令。几个小伙子有些着急了，推举吴运铎去找司令部领导请求分配任务。

“好同志，赶快发枪吧！”吴运铎红着脸央告着。

司令部的领导拉过椅子请吴运铎坐下。“小同志，你们去造枪不是更好吗？”

原来，当时的新四军武器装备严重不足，有的战士还在用鸟枪、土铳打仗。“你们都是机器工人，一定能学会造枪。造枪拿枪一样是为了

1952 年 4 月，吴运铎在杭州住院治病期间留影

1982年，吴运铎与上海市的劳动模范在一起

1983年，吴运铎与张海迪在一起

革命！”

从此，吴运铎成为一名“工兵”。

1941年以后，日军大举向抗日根据地进攻。吴运铎和其他工人一起自皖南抗日根据地转移到了淮南抗日根据地。当时，部队的武器弹药非常缺乏，战士们每人只有三粒子弹，打完了还要把弹壳捡回来。

在这样艰苦的环境下，吴运铎接受了制造枪炮和弹药的任务。那时他领导的只有8个工人和学徒，工具是一部四尺车床、两把老虎钳、一部摇钻和其他一些零星工具。他白天绘图设计，夜晚与工人一起加班赶制。在抗日战争最激烈的时候，他带领工人们抬着机器打游击，仍然坚持工作。

与此同时，吴运铎还积极带领全厂工人研究改善武器装备，使前方部队得到更多的新的武器打击敌人。在抗日战争期间，他先后制成了射程达540米的枪榴弹和攻打碉堡的平射炮；淮海战役中，共有20多万发炮弹来自吴运铎所在的工厂。

06

1949年10月1日，中国迎来了新世界——毛泽东主席宣告：中华人民共和国成立了。

几度与死神擦肩而过的吴运铎，多么庆幸自己看到了这神圣的一刻。而此时，他更怀念那些为中华民族解放事业献出生命的战友们。

“我只要求给我留下一点能够维持生命的东西，一颗心脏和一叶肺，我还要顽强地斗争下去。”每当老伤隐隐作痛，吴运铎总会反复诵读保尔·柯察金说过的这句话。

新中国成立后，吴运铎历任中南兵工局副局长、机械科学研究院副总工程师、五机部科学研究院副院长等职，主持多项兵器科研工作。这位老英雄当了41年的厅局级。党中央、兵器部、工业部，都曾提出为他调动工作，提为副部级，但被他拒绝了。在他的心中，哪里最能发挥自己的专长，哪里更需要他，更能为国家作出贡献，哪里就是他的岗位。

一套小三居室，从20世纪50年代一直住到去世；不让调儿女回京，工资不让涨，连组织请的保姆也被他婉拒。

1953年7月，《把一切献给党》首次由中国工人出版社出版。这本书在20世纪中叶的新中国大地上引起了异乎寻常的强烈反响，发行上百万册。

平易寡言的吴运铎因此成为那个时代中国青少年的偶像。这本书是一切有抱负、有理想的青年的必读教科书。每逢少先队、共青团活动日，同学们都要读这本书。它就像青年学生的座右铭和人生的路标。当时，许多青少年在学习、生活中遇到什么困难，都会到这本书里寻找答案。

07

1957年，一位小学生看过《把一切献给党》后，写下一段读后感："吴运铎是我的学习榜样，我要像他一样长大后努力工作，把一切献给党！"

这位小学生最终履行了自己的誓言，他就是雷锋。

雷锋牺牲后，吴运铎在报纸上看到了雷锋的事迹，深受感动，开始

因为左眼失明，吴运铎的相片大多只照右侧（摄于1984年，大连）

吴运铎即便在病榻上依然对拜访的人来者不拒（摄于 1990 年）

用后半生学习这位与他素未谋面的22岁青年。1987年，吴运铎被评为全国学雷锋积极分子。

离休后，体弱多病的吴运铎并没有赋闲在家，而是应邀担任了几所工读学校的名誉校长，还兼任许多中小学的校外辅导员和刊物、群众团体的顾问。

凡有人来请他作报告或采访，从不推辞；凡有人写信，每封必回；凡有残疾人或困难军人求助，必定解囊相助。

在何朝海的记忆里，吴运铎的“粉丝”很多，他每个月至少要回100多封信。这个习惯直到他病重之时也没有忘记。

何朝海知道，吴运铎一直有个心愿：续写《把一切献给党》。

20世纪80年代后期，身高1.78米的吴运铎，体重只剩下了42公斤，但他以为自己身体还扛得住，就想抓紧续写工作，整天看材料，写文字，绘图纸……

妻子陆平看着吴运铎的工作热情，虽然整日提心吊胆，却还要装得太平无事，免得让他不安。

而此时，吴运铎的病情正在悄悄恶化。

08

1991年5月2日上午，三批客人到北京八大处工人疗养院看望吴运铎。何朝海把客人安排在走廊等候，他轻轻推开病房的门，看到吴运铎斜靠在床上，双眼微合。

何朝海犹豫了一下，扭身准备退出，忽然听到吴运铎轻唤：“有客人吗？请进吧！人家千里迢迢来了，不能不见……”

寒暄、合影，谈工作、谈未来……一切似乎一如往常。但当见到第二批客人时，吴运铎几次呼吸急促。一丝不安掠过何朝海心头。

时近中午，客人走了。吴运铎突然喘不过气来，喉咙里的痰憋得吐不出来。

下午2时许，医生努力抢救，但已无力回天。吴运铎传奇的人生画上了休止符，享年74岁。

看着枯瘦的吴运铎被雪白的被单覆盖，何朝海脑海里萦绕着几年前的一段对话：

“吴老，当有一天您不在了，我们想给您办个纪念馆行不行？”

“你们给中央打报告，中央同意，你们就办，但不要官办，要民办。我不希望离开人世了，还让国家花钱宣传我……”

声音 · 把一切献给党

“只要我活着一天，我一定为党和人民工作一天。”

“把我们的力量，我们的智慧，我们的生命，我们的一切，都交给祖国，交给人民，交给党！”

“革命需要我们干什么我们就干什么，任何困难都是可以克服的，不懂不会的东西是可以学会的。”

舞台·张秉贵

文/李元程

张秉贵

（1918—1987），北京人。原北京百货大楼售货员，1959年全国劳模。1955年11月到百货大楼站柜台，从没有怠慢过任何一个人。通过眼神、语言、动作、表情、步伐、姿态等调动各个器官的功能，商业服务业的简单操作，被他升华为艺术境界，被喻为“燕京第九景”。他“一团火”的服务精神，成为新中国商业战线上的一面旗帜。

他一出生，家人们就看见他左侧眉头上方有一颗很大的黑痣。

看相的人说，此相男主大贵，于是给他取名“秉贵”。

他出身贫寒，12岁便当了童工，没上过什么学，站了50年柜台……

生前，他享誉全国；身后，人们为他塑起铜像。

不算长的68年生命历程，他的“一团火”精神广为颂扬，至今印记尚存。

张秉贵，北京百货大楼糖果专柜售货员，新中国服务行业中载入史册的代表人物。

01

“同志，我买一元钱糖。货架上每样都来点儿。”

货架的糖有三四十种，价格从每斤 4.65 元到 3.15 元、2.7 元、2.45 元、2.15 元……再到 1.8 元、1.75 元，有着近 50 年柜台经验的张秉贵，第一次碰到这样的顾客。

“好嘞！您稍等。”张秉贵眼含笑意，左手抄起托盘，像跳探戈一样，麻利地来了一个转身，快步迈到货架的最左边，右手从最高处第一排第一个格子里拿出两块“小孩酥”放进托盘，转身回来称秤；又转身从第二个格子里拿出三块“大白兔”奶糖，再转身称秤，接着转身、再转身……

一元钱，张秉贵秤了 32 种糖。

20 世纪 80 年代初，早晨 8 点 30 分，位于北京王府井大街上的百货大楼准时开门营业。空旷的营业大厅像开闸放水的河床，顿时被四面八方赶来的人流充满。

这家新中国营业面积最大、货品最全的百货商店，是全国各地来到首都的人们必到的购物场所。即使手里钱再不富裕，来首都一趟，人们也会给家里的孩子大人买上一包糖。

一年 365 天，北京百货大楼的糖果柜台总是排着长队，很多人买完

张秉贵接待顾客

张秉贵接待顾客

糖就直奔火车站了。

为了节约顾客排队等候的一分一秒，张秉贵练就了卖糖“一抓准”、算账“一口清”的绝技，并且总结出“接一问二联系三”、抬头售货等服务技艺。

熟练的售货员接待一位顾客平均要用2分多钟，张秉贵只需要1分钟。

“我要二两白脱奶糖、三两水果糖、半斤‘脆口香’，外加一两椰香糖。”

“好嘞。下一位同志，您想想要买什么？”

50来岁的张秉贵站在柜台里，声音洪亮仪表堂堂，招呼下一位顾客的同时，已经快步迈到货架前，抓起一把“脆口香”，放在秤盘上，不多不少整半斤；又迅速抓起二两白脱奶糖、三两水果糖和一两椰香糖，手跟秤一样准。当他熟练地把这4种糖包扎在一起时，已经心算出钱的总数，高声对顾客说：“一元五角五分，请您把钱准备好。”

47秒，接待完这位顾客。

一位老太太看着张秉贵这么麻利，竟着起急来，“您慢点卖吧，太快了我跟不上趟儿。”一句话，逗得大家笑起来。

02

老年间，梨园行有句名言：台上一分钟，台下十年功。

张秉贵在柜台上的“一分钟”，花费了他20多年心血。

1955年，36岁的张秉贵因为业务熟练，被刚刚建成的新中国最大的商店北京百货大楼破格录取，成了一名国营单位的售货员。因为服务热情，1957 年他作为商店里的优秀服务员，被评为北京市劳动模范。

正在这时，张秉贵听到两位顾客在柜台前悄悄议论："这位同志的服务态度还不错，就是卖货速度不快。"

张秉贵不禁扪心自问："作为一个售货员，光服务态度好，能说服务质量高吗？现在各行各业都在大跃进，我怎么能把顾客的宝贵时间白白浪费在柜台前？"

练！一定要练出一手过硬的售货技术。张秉贵把每次售货归纳为问、拿、称、包、算、收 6 个环节，在每个环节上挖潜力。下班后，在宿舍房后的大磨盘前，对着路灯，他用碎瓦片当点心，一遍一遍练习包包……

50 多岁时，张秉贵又给自己算了一笔账：售货员每次回头看价签会耽误 3 秒钟，一天接待 400 位顾客，就耽误 1 小时——柜台上近百种糖果的价钱，他决定全部背熟……

65 岁时，张秉贵到重庆为商业职工作报告，现场表演"一抓准"的绝技。

表演开始后，只见他神色从容，身手敏捷。一次、两次、三次，全都准确无误。可最后一次，因为重庆的天气潮，糖块的分量与北京有差异，秤打高了。助手有些尴尬，想伸手压压秤砣。张秉贵一看，马上阻止了他，并认真地说："可能多了，请拿下一块糖。"

果然，秤杆移到了中央。

等台下的掌声停下来后，张秉贵诚恳地对观众说："准，不是绝对的。如果绝对准，就不用秤了。我来表演，不是炫耀技巧，只是想说明熟能生巧的道理。希望同志们苦练技术。"

台下，响起了比抓糖表演时更为热烈的掌声。

03

因为百货大楼装修撤销了茶叶柜台，全国劳模卢秀岩一时没了岗位，选择内退回家。“每天到公园锻炼锻炼身体，也挺好的。”坐在北京朝阳区红领巾公园的长椅上，卢秀岩敞穿着棉衣，眯缝着眼睛看着远处，春寒料峭，几分落寞。

1979 年到百货大楼工作，卢秀岩跟张秉贵一起站了 6 年柜台。当时，张秉贵 61 岁。

“那个时代跟现在不同。”这人语气倔强。

20 世纪 80 年代初，正是商品供不应求的年代。售货员上班 8 小时得不停地干，上趟厕所也得记在小本上……货架上不同价位不同口味的糖上百种，光回头转身，刚干的人一小时头就转晕了。

卢秀岩眼里的张秉贵，个子不高，很魁梧，特别利索。有点花白的头发梳得发亮，卡叽布工作服熨得很挺括，脚下一双鞋更是擦得锃亮。

“站柜台就得有个干净利落的精神劲儿，顾客看了才高兴。特别是我们卖食品的，如果邋里邋遢，顾客就先倒了胃口。”几十年，张秉贵每星期理发、每天刮胡子、换衬衣，消耗体力大，他每顿要吃六两饭。

因为名气大，张秉贵的柜台前顾客总是特别多，“张师傅对人的热情是发自内心的，特别自然。不像有的人，老像隔着什么似的。”

看到顾客两手捧着五六包东西来买糖，张秉贵二话不说找根绳子帮他把几个包捆在了一起；一位解放军战士见张秉贵这么忙，便拉开旅行包，“老同志，甭包了，直接往里倒吧。”从口音张秉贵听出他是四川人，便说："四川天热，糖闷在包里会发黏。我给您垫上蜡纸包好。"

一位排在后面的顾客怀里孩子哭闹着要吃糖，张秉贵当即从货柜里拿起一块糖，递到孩子手里，孩子顿时止住了哭声。他又对顾客说："这块糖等会儿一起算账。"顾客感激地点点头。轮到她买糖时，张秉贵从称好的糖中拿出一块放回货柜里，又拿出几块用小纸袋装好，塞进孩子的衣兜里，把剩下的糖果包捆结实递给顾客，嘱咐道："孩子兜里的糖，留他路上吃"……人们会心地笑了，感叹这位售货员比妈妈想得还周到。

……

忙得实在想喝水，张秉贵才会对顾客说一声："这位同志，我先喝口水，"还不忘加一句"待会儿我快着点卖！"从柜台下面拿出水杯，他总是转过身，背对着顾客一口气把水灌下去。

张秉贵一生钻研柜台服务，坚称"服务是门艺术，越研究越深"。他练就了"一抓准""一口清"的绝技，而且对接待顾客的神情、语气、声调、用词等细节十分讲究。比如，接待顾客时，他说："您好，同志，您看看什么？"特意用"看"代替"买"，让顾客多几分自在。

"张师傅上了柜台，就像演员上了舞台，张弛有度，熠熠生辉，那可真是让人挑大拇指叫好的角儿！"同样是全国劳模的卢秀岩说，张秉贵的境界别人达不到。

柜台上，张秉贵生龙活虎光彩照人，柜台下他话很少，甚至严肃——他整个人的精气神全放在了柜台上！

一次，卢秀岩看见空荡荡的大楼里，下了班的张秉贵独自一人，双手拽着栏杆往上爬楼梯，一个非常孤独吃力的背影。

张秉贵接待对越自卫反击战战士

张秉贵与家人在一起

……

“如果张秉贵遇到像内退这样的特殊情况，他会怎么样？”

沉思片刻，卢秀岩回答：“我想他仍然会有很多顾客和观众。”

04

张秉贵身上的那股劲儿是别人拿不走的，即使受到冷落甚至打击，他依旧如故，不改变不放弃，因为热情是这个人的本性。

“文革”开始时，张秉贵正患肝炎，久治不愈。

铺天盖地的大字报，一夜间贴满了百货大楼的楼道和职工俱乐部。同事见了他，也立刻躲开，张秉贵老能感到自己后背有人在戳戳点点。

在一片白纸黑字的大字报中，《旧市委培养的假劳模》的文章格外醒目，“假劳模”成了张秉贵的代名词。

很多个夜晚，被赶下柜台、回家听候审查的张秉贵思前想后睡不着。站柜台就像战士进入阵地、演员登上舞台，全神贯注满腔热情地为顾客服务，这一切都错了吗？

因为家贫，张秉贵 12 岁就被送到天津一家地毯厂当了童工。17 岁，大哥把他带进了一家叫“德昌厚”的店铺当了学徒。连年的战乱，私营老板的苛刻，一直到而立之年，张秉贵都是在压抑和忍耐中熬过来的——第一个儿子出生，因为老板不准回家，直到孩子夭折，他都没能看上一眼。

新中国给受尽压迫的穷苦人带来了无限的希望和热情。这种发自内心的甜蜜，就像含在岁月口中的一块糖，让张秉贵心情愉快，始终充满干劲。

“甭管别人说我是‘假劳模’还是出风头，或者是其他什么，为人民服务没有错。”张秉贵跟相濡以沫的妻子说。

审查没有结果，一段时间后，张秉贵被允许重新站柜台。像一匹被困住却不肯驯服的野马，他把全身的能量一股脑地倾注在柜台之上……

仍然仪表堂堂，仍然热情洋溢，三尺柜台就是他人生的舞台。在那个黑白颠倒的年月里，他真诚周到的服务，让人意外，让人格外感动、格外温暖。

……

几个月后，两年多没治好、十分顽固的肝病居然痊愈了！

05

“当年张师傅站柜台的地方就在商场紧东边的那个位置。”头戴红色安全帽，身穿蓝绿色的工作服，右臂套着“安全监督”红箍，杜学昌一双大手很熟络地朝商场一楼大厅东侧方向画了个圈儿，“年轻的时候，我经常站在那边的台阶上，远远地看张师傅怎么接待顾客。”作为张秉贵的徒弟，杜学昌后来也成了北京市劳模。

再后来，张秉贵专柜曾设在地下一层滚梯旁边。二儿子张朝和子承父业，值守在这个特殊的柜台上。柜台上方，挂着张秉贵几张经典的工作照片。

张朝和也像父亲一样，笑容可掬，头发梳理得一丝不乱，抓糖“一抓准”。无奈时过境迁，柜台前没有了当年的热闹。

他们都因为张秉贵而倍感骄傲，又都在回想中有几分风华不再的失落。

80 年代的张秉贵

张朝和说，每天都有曾经见过张秉贵的顾客找到这里。父亲的故事，一次又一次地被重新提起，感动，慨叹。

一次，张秉贵的糖果柜台处理一批有磕损的糖盒，一元钱一个。

顾客："呦，这个磕了。您能给我换一个吗？"

"好嘞，我给您换一个。"张秉贵接过这个，弯腰放进柜台，再取出另一个。

顾客，"这个也有毛病啊！"

"是吗？那我再给你换一个。"张秉贵又弯腰取出另一个。

顾客："还有毛病。"

"那我再给您换一个"

……

一次又一次地弯腰，张秉贵耐心地从柜台下反反复复拿出那些他明知道有磕损的糖盒供顾客来来回回挑选，始终没说一句诸如"都一样""都是处理品""都有毛病"这类的话。

晚上关门时，100多个有毛病的糖盒一个不剩地都被顾客高高兴兴地买走了。"我们售货员要用全心全意为人民服务的一团火，温暖工农兵，让他们在商店里感到热乎乎的，回到家里热乎乎的，走上工作岗位还要热乎乎的，激发出更大的革命干劲，投入社会主义建设。这才算我们对革命事业有了一点贡献。"

几十年间，在很多场合的先进报告会、座谈会上，张秉贵总要说到这句话。

私底下，他经常告诫徒弟"要想着老百姓买点儿东西不容易"。

06

1986 年，张秉贵迎来了自己柜台生涯的第 50 个年头。

北京市政府研究决定：由北京市总工会等单位会同北京市百货大楼一起，联合举办“祝贺张秉贵柜台生涯 50 年”纪念活动。200 多位到场的客人中，有侯宝林等表演名家。

《北京日报》为此发表社论：为一位普通售货员站了 50 年柜台举行隆重的纪念活动，在我们国家没有先例。以往，这种活动只属于大科学家、大艺术家、大文学家。

07

1987 年 1 月，67 岁的张秉贵满面春风地接待了从战场归来的解放军“猫耳洞之声”乐团，表演了他的“一抓准”和“一口清”。

这是他最后一次站柜台。

5 月 1 日深夜，白天操持完小儿子婚礼的张秉贵，因为胃穿孔疼得不行被紧急送进了医院。

医生们开刀后随即就原封不动地缝合起来，癌细胞已经大面积扩散，无力回天了。

从发病的情况看，张秉贵的贲门癌起码有一年了。一年里，张秉贵一定忍受着难以承受的疼痛。

发病前的一周，已经调到茶叶柜台的卢秀岩，意外地见到张秉贵来看他。

“卢子，挺好的？”多年来，他总是这样跟他打招呼。

张秉贵柜台揭幕

张秉贵现代塑像

“我看您瘦得厉害，是不是生了什么病？赶紧去医院看看吧。”一望之下，张秉贵外形的骤变让卢秀岩大吃一惊。

“是啊，下礼拜已经约好了去医院做个钡餐。”

他笑了一下，说了句“再见”，临了又朝忙碌的柜台看了一眼，走了。

这是卢秀岩和张秉贵的诀别。

08

医院的4个月零18天，是张朝和跟父亲朝夕相处最长的一段时间。父亲为了工作，几十年一直住单位的集体宿舍，每周只回家一次。儿时的记忆里，父亲每次回家都会给孩子们买几块糖吃，而这些糖几乎都是黏在一起的很便宜的处理糖。

张朝和透露了一个秘密：张秉贵只有参加重要活动时才穿一双真正的皮鞋，平常穿的都是那种泡沫塑料底的人造革鞋，没钱买替换的衬衫，他每天就换衬衫的假领子……

在离别人世的最后日子里，骨瘦如柴却又全身浮肿的张秉贵说了一句让儿子深深感喟的话：“我这一辈子，在柜台上用尽了全部的力气，可以画个圆满的句号了。”

1988年9月18日，在张秉贵逝世一周年的祭日，商业部、全国总工会、北京市政府、市总工会在百货大楼门前广场，塑起一座高3米的张秉贵的半身铜像。黑色大理石基座的正面镌刻着陈云题写的镏金大字：“‘一团火’精神光耀神州。”

至今，每一个到王府井参观的旅游团都会在这座铜像前停留，张秉贵和他身后的百货大楼，成了一个人们怀旧的景点。

09

……

那时候，夏天商场里没有空调，柜台上方的两端悬挂着两台电风扇，不停地转着，可售货员们还是忙得满头大汗。

一位顾客排队到张秉贵跟前，说：“我什么也不买，只是来要求您擦擦汗，喝口水。”说完，他伸手搂住了秤盘，回头嚷道：“同志们，张秉贵同志太累了，我们建议他歇一下好不好？”

排着长长队伍的顾客，齐刷刷地吼了一声：

“好——！”

声音 · 燃烧生命的一团火

“服务是门艺术，越研究越深。”

“我们售货员要用全心全意为人民服务的一团火，温暖工农兵，让他们在商店里感到热乎乎的，回到家里热乎乎的，走上工作岗位还要热乎乎的，激发出更大的革命干劲，投入社会主义建设。这才算我们对革命事业有了一点贡献。”

握手·时传祥

文/车 辉

时传祥

（1915—1975），山东德州齐河县人。原北京市崇文区清洁队淘粪工人。1959 年全国劳动模范。1959 年，他作为全国先进生产者参加了在北京召开的全国“群英会”，时任国家主席的刘少奇同志握着他的手说：“你掏大粪是人民的勤务员，我当主席也是人民的勤务员，这只是革命分工不同。”时传祥也表示：“我要永远听党的话，当一辈子淘粪工。”

“文革”结束后，王光美来时家做客，吃完时传祥老伴做的山东名菜炸藕盒，跟四兄妹背起了周敦颐的《爱莲说》，“荷花‘出淤泥而不染，濯清涟而不妖’……你们要发扬父辈的传统，如莲花一样，纯正高雅洁白无瑕……”

王光美告诉时传祥的老伴：“我们对不起你，要不是那次握手，时传祥不会走得那么早。”时传祥的老伴回答：“历史就是历史，都过去了，没有那次握手，时传祥也没有今天的地位。”

01

在中国，有一张两人握手的照片已穿越时空，定格在历史瞬间。

一个人是国家主席，另一个人则是淘粪工。

这张照片从20世纪50年代刊登在国家发行量最大的报纸上起，就注定成为经典。至今，时纯利还牢牢记着刘少奇和父亲握手时说的话："你掏大粪是人民的勤务员，我当主席也是人民的勤务员。"

夏末秋初的北京龙潭公园，笼罩在雨雾蒙蒙之中，树上的叶子已略微发黄，却仍然没有落下，进门沿着甬路一直往深处走15分钟，是公园最美丽最幽静的一隅。

北京时传祥纪念馆就坐落在这里。

时传祥曾经红透神州大地，如今来这里参观的游客却多是寻景偶得。

纪念馆修得很齐整，进门便是时传祥的塑像。和图片略有不同的是，他的脖子上系着一条红领巾。背后镌刻着的是他那句名言：宁愿一人脏，换来万人净。

看护纪念馆的工作人员叫刘继华，一位生在崇文、长在崇文，"从小听着时传祥故事长大"的女士。

听她说，这里是时纯利最爱来的地方，子承父业从一名清洁工成为

身背粪桶的时传祥不仅是一名普通的淘粪工，更是首都北京的清洁使者，深受百姓爱戴的朋友

1959 年 10 月 26 日，在全国“群英会”上，刘少奇主席亲切接见时传祥

北京市总工会副主席的他，除搞活动陪领导来这里之外，平时自己下了班也会经常一个人过来转转。

有时，他会在父亲的塑像前沉默良久，回味父亲的往事和临终交代给他们的话。

1975年5月19日，北京宣武医院，时传祥即将走完他60年的传奇一生，弥留之际，他把4个子女叫到身边，留下两句话，“孩子们，我淘了一辈子大粪，被人看不起，但我对淘粪是有感情的；我向主席汇报工作时说，各行各业都需要有人接班，我唯一的愿望是你们接好我的班，这个班不是我个人的班，这是党和国家的班！”

几十年后，时纯利无数次对外界复述起这两句话，每说一次，眼圈就红一次。对于他来讲，这段往事并不如烟。

纪念馆里，光影声电，人物雕塑，图片文字，访谈视频等各种传播手段在努力还原这位曾经感动无数国人的淘粪工的事迹。

虽然故事很详尽，但两位闯入纪念馆的情侣似乎对粪车模型更感兴趣，其中一位甚至误认为此人是王进喜……

此时，暖暖的灯光打在时传祥塑像上，映射出他千沟万壑的面部皱纹。

02

握手的故事纪念馆的工作人员个个耳熟能详。

穿越时光，配合着几张黑白照片和发黄的报纸，他们为我们还原了那次曾轰动全国的握手。

1959年10月26日，北京召开了第一届全国先进工作者“群英会”。彼时，能参加这样的会议，是一种极高的政治待遇，所有获邀的劳动者都将受到党和国家领导人的亲切接见。

毫无征兆地，国家主席刘少奇走到时传祥跟前，此举让原本就十分紧张的时传祥发了好一阵愣，刘少奇却一把抓住他那长满老茧淘过无数粪便的大手，朗声问道：“你是老时吧？”

领袖的平易近人很快打消了时传祥的紧张，两人拉起了家常。刘少奇语重心长地说了那段很著名的话：“老时呀！你掏大粪是人民的勤务员，我当主席也是人民的勤务员。这只是革命分工的不同。”

时过境迁，再次说起往事，时纯利和刘继华复述时一个字都不差。

刘少奇还问起他清洁工的学习情况，时传祥实实在在地向刘主席汇报：“我这个班又进了新生力量，他们是中学生，如今咱们淘粪工大部分都能读书看报了，只有我还差一点儿。”

听了时传祥的话，刘少奇说：“一个先进生产者，一个劳动模范，光好好工作还不行，还要努力学习文化。”接着，他从上衣口袋里掏出了自己使用的英雄牌钢笔，送给了时传祥，并叮嘱他：“年底一定要给我写信。”

第二天，《人民日报》《工人日报》等各大报刊均刊登了刘少奇与时传祥握手的合影，而这枝英雄牌钢笔，后来便一直被中国革命博物馆作为一级文物收藏。

在龙潭公园的时传祥纪念馆里，也同样静静地躺着一枝英雄牌钢笔，只不过是一枝替代品。“笔不是真的，但精神是真的。”刘继华说。

在时传祥后人的记忆中，那天他回家后十分激动兴奋，“想不到国家主席竟能和我一个淘粪工人握手。”他的工友们也都十分兴奋，备受鼓舞。

在纪念馆珍藏的黑白照片里，戴着草帽，背着粪桶，拎着粪勺，身穿工装是时传祥最多的形象。这个形象在那次著名的握手后风行成一种时尚。如同现在人们都愿意穿职业套装一般，那时，无论是国家领导还是著名运动员都以身着清洁工工装、上街体验淘粪为时尚。

03

纪念馆里的画面按照时间顺序排列，给我们讲述了这位老劳模凄苦的一生。

时传祥是山东人，1915出生在山东齐河县赵官镇大胡庄。齐河县志载："1928年，县境大霪雨，黄河盛涨，禾稼淹没""1929年，夏季奇热，飞蝗遍境，禾稼遭食"。哀鸿遍野，万户萧疏。贫穷、饥饿吞噬着那里的人民。

当地的地主逼死了时传祥的父亲。寡母领着6个孩子实在无法生活，使他不得不在15岁时就出外逃荒谋生。

他讨着饭走到长辛店寻找乡亲，但那个乡亲由于自己也深陷困境不能认他。于是，他流落在北京城郊，饿得坐在路边大哭。

一个捡粪的老头把他领回家去，叫老伴给他做顿饭吃。他一连吃了四个大窝头还不觉够。老头在旁阻拦他："别吃啦，孩子。不是怕你吃，是怕你吃出病。你都饿枯啦，吃那么多受不了哇！"说着，老头搂着他瘦弱的身子哭起来："我小时候也像你这样倒在路边，差一点儿死啦！"

第二天，老头去帮他找活儿。到处都不要人，只能去粪霸手下淘大粪。就这样，时传祥在粪霸手下干了20多年。这20多年，很少给够过工钱，可是辱骂和殴打却差不多天天都有。在旧社会的“下九流”里，淘粪工是生活在最底层的。

一次，时传祥在给六部口一位大户人家淘粪时，主人要管家监督他，不让他进内门，免得弄脏了房间，干完后，汗流浃背的时传祥讨要一口水喝，看着淘完粪又脏又臭的时传祥，主人要管家拿喂猫的碗盛水给他喝，看着上面漂浮的死苍蝇，时传祥气得全身发抖，但他深知自己惹不起人家，转身就走了……

很多个夜晚，年轻的时传祥望着满天星斗，默默流泪，盼望着能跳出这污黑的粪坑。

新中国成立了，劳动人民地位大幅度提高，时传祥惊奇地看着外部世界发生的巨变，打心眼里感受到新中国的温暖。他恨不得把全身的劲都使在工作上。

几乎每一个日子里，他挨家挨户地为群众淘粪扫污。他放弃了节假日休息，有时间就到处走走看看，问问闻闻。哪里该淘粪，不用人来找，他总是主动去。不管坑外多烂，不管坑底多深，他都想方设法淘干扫净。他一勺一勺地挖，一罐一罐地提，一桶一桶地背，每天淘粪背粪5吨多，背粪的右肩都磨出了老茧。

有人问他这么干，不嫌屎臭么，“屎嘛，哪有不脏的？可咱要一人嫌脏，就会千人受脏，咱一人嫌臭，就会百家闻臭。俺脏脏一人，俺怕脏就得脏一街呀。想想这个，就不怕脏啦。”

这句后来被总结为“宁愿一人脏，换来万人净”的精神让他的人生之路越走越远，直到登上国家给予劳动者最高的舞台上，成就那次和国家领袖的经典握手。

时传祥和工友去工作的路上

目不识丁的时传祥认真学习文化知识，用刘少奇主席送给他的钢笔写了一封 248 个字的长信汇报自己的工作和生活

可也正是那次握手，奠定了他曲折沉浮传奇的后半生。

04

为了履行对和自己握手的领袖的承诺，一个字也不认识的时传祥在3个老师的帮助下，用了几个月时间写了一封信给刘少奇，通过北京市委，当晚这封信摆放在了刘少奇的办公桌上。

王光美曾回忆说，读到时传祥那封信的晚上是刘少奇那段时间里最开心的夜晚。后来，时传祥还利用那支钢笔在《人民日报》《工人日报》发表过十几篇文章。

1963年，刘少奇让自己年仅13岁的女儿刘婷到时传祥那里，背上粪桶和时传祥一起学淘粪。在纪念馆播放的片子里，头发银白的王光美回忆了自己女儿和时传祥一起劳动的情景。此事轰动了全国，于是，跟时传祥体验淘粪成了社会时尚。

那时，各行各业的人都来和时传祥淘粪，用当年崇文区环卫大队退休干部牟师傅的话说："那都要排队，解放军、演员、记者、医生……连说相声的侯宝林都来了。"

1964年，时任北京市副市长的万里和崔月犁也来到"时传祥班"参加劳动，万里还自称是时传祥的"第一大弟子"。

此时的时传祥登上了自己人生顶峰，同年，时传祥被选为第三届全国人大代表。1966年的国庆节，时传祥被选为北京市的先进工人代表，参加了国庆观礼，并和观礼团一起住进了中南海。

在人民大会堂举行的国宴上，周恩来向时传祥敬了酒，朱德给他夹了菜。后来，时纯利见到当年参加观礼团的全国劳模、北京"背篓商店”负责人王砚香，老人还跟他话起当年：“朱德委员长说，老时，你是干重体力活的人，不会喝酒，可要多吃菜呀。”

身处荣誉最高处的时传祥始终坚持在一线淘粪，并没有享受到任何特殊照顾，牟师傅回忆，当年万里曾建议提拔时传祥当干部，但是时传祥认为自己没文化，“我觉得淘粪勺就和掏耳勺一样，拿着舒服，可拿钢笔我怎么也拿不起来，我还是劳动吧。”

那年国庆节，在天安门城楼观礼的时传祥一直张望着刘少奇，同在天安门城楼上的刘少奇却神情肃然，没有过来和时传祥打招呼。

第二天，刘少奇在报纸上的名字由第2位排到了第8位……

05

历史是最神秘的作坊，里面总能生产出最曲折诡秘的故事，在那样一个黑白颠倒的年代，刘少奇被迫害，时传祥也受此牵连遭受了厄运。

在时传祥纪念馆里，一些发黄的文字和回忆录揭开了那段历史：

1966年12月27日，“中央文革领导小组”召集北京的部分大专院校革命师生举行座谈会，江青特别点了时传祥的名：“时传祥已经完全成为一个工贼，他已被收买。”享誉全国的劳动模范由此成了“工贼”“粪霸”。

蒯大富指使红卫兵到清洁队揪斗时传祥，他们欺骗工人说，要请时传祥去做个报告。清洁队的领导看形势不对，再三拒绝，他们看软的不行，马上变脸：“实话告诉你们，时传祥是工贼，江青已经点了名，今天一定要拉走。”

北京的清洁工人不干了，里三层外三层地保护时传祥，他们抡起粪勺将红卫兵打跑。当时工人的想法是：时传祥是我们清洁工人里第一个共产党员，怎么能是粪霸？

后来，红卫兵趁人不备，冲至清洁队，强行将时传祥绑架押走，在政法学院操场召开了 10 万余人的批斗大会。宣称“解放前时传祥穿长袍马褂，有两辆小车”等。

从 1967 年新年开始，时传祥常被押上汽车，脖子上挂着写有“工贼”“粪霸”字样的大牌子，拉至京城各大街小巷亮相、游斗。

06

即使在最坏的时刻，时传祥也从没承认过那些对他的指控：“俺出生入死半辈子，从未给哪位工友使过坏。因为俺是全国劳模，受到过刘主席接见，就这样作践俺，俺不怕！”

这样的态度令造反派们极端恼怒，又将他带到暗室，接受审讯。

“你岳母去世后，刘少奇给过你 500 元的安葬费？”

“你们无中生有。俺岳母还好好地活着！”

“你同王光美跳过舞！”

“俺老时粗手笨脚，没学过那玩意儿！再说，俺一次也没见过王光美！”

“刘少奇接见你，是不是为了欺骗人民，捞取政治资本？”

“刘少奇接见俺这个淘粪工人，全国人民都知道，俺只觉得他和人民的心贴得更近了，别的，俺不懂！”

面对时传祥朴实的回答，造反派们毫无办法，便使劲打他的头，每打一下，时传祥就喊：“毛主席万岁。”可是造反派仍然不罢手，就这

时传祥去世后，他的四位儿女继承他的遗志，全部投身首都环卫事业

时纯利和王光美

样，一下，一下，……时传祥的脑子被打坏了。

时纯利后来说，正常人的脑子是完整的，但是时传祥的脑子经医生查看后已经成了豆腐渣……

1971 年，时传祥沿着当年自己逃荒的路回到山东老家。到 1972 年秋天，精神和肉体上的长期折磨，令这个身高一米八、一次能背起 200 多斤粪的汉子垮了。他常断断续续地念叨："俺时传祥是个好人，不是工贼……"

由于缺医少药，延误治疗，1972 年秋，时传祥已变得四肢瘫软、说话困难。

在极度痛苦中，时传祥已精神失常，神情恍惚。他经常扬起手中的拐杖，东倒西歪地蹒跚于街口，有时立足未稳便踉跄摔倒，他每天都对着一面白墙长拜，这面墙曾经挂着那张和刘少奇合影的照片，现在却空空如也。

时过境迁，物是人非，时传祥哪里知道，国家主席刘少奇早在 1969 年便于河南开封凄然长逝。

07

1973 年的一天，周恩来总理在人民大会堂会见时任北京市革命委员会副主任的万里，谈到北京市的环境卫生实在太差，需要整顿时，周恩来停顿下来问道："时传祥师傅现在哪里？"

当听到时传祥的遭遇时，周恩来气愤地说："难道'文化大革命'就是要打倒一个淘粪工人吗？！"他当即指示："要代表党组织把时传祥请回北京。给他平反，向他道歉，给他治病，落实政策。"

周总理作出指示第二天，时传祥就住进了公社卫生院。北京市环卫局派救护车把他接回北京，送往宣武医院急救。住院期间，当年和他一起背过粪的万里，著名的劳动模范张百发、李瑞环等人，都赶往医院看望他。

可一切都太晚了。一年零 8 个月后，60 岁的时传祥走到人生尽头。临终，最遗憾的是没看到刘少奇平反。他说："就冲他能瞧得起我这个淘大粪的，我就相信他不是坏人。"

"我姥姥常说，你爸爸遭了那么多罪，还让你们接着干这个，真是实心眼儿。"时纯利回忆说。但他相信，"文革"中的遭遇，却未让父亲丢掉朴素的信念，时传祥至死都坚信：劳动是最光荣的。

遵照他的遗愿，4 个孩子后来都进入了北京环卫系统工作：老大时纯庭，北京市使馆清洁运输处工人；老二时俊英，崇文区环卫局三队工人；老三时纯利，北京市使馆清洁队垃圾分拣工；老四时玉华，第一清洁车辆厂统计员。

"文革"结束后，王光美时常来时家做客，吃完时传祥老伴做的山东名菜炸藕盒，跟四兄妹背起了周敦颐的《爱莲说》："荷花'出淤泥而不染，濯清涟而不妖'……你们要发扬父辈的传统，如莲花一样，纯正高雅洁白无瑕……"

王光美告诉时传祥老伴："我们对不起你，要不是那次握手，时传祥不会走得那么早。"时传祥的老伴回答："历史就是历史，都过去了，没有那次握手，时传祥也没有今天的地位。"

08

历史长河缓缓流动着，随之改变的不仅仅是时间。

在宽敞明亮的纪念馆里，刘继华拿出一本又一本的留言簿给在场的参观者看：“谁说人们不需要时传祥精神，每个参观的人都被他感动了。”

2005年3月，作为时传祥的长孙女时新春被授予全国“巾帼建功标兵”，到北京开会时，她拜访了王光美。王光美叮嘱时新春：“你是时家的第三代劳模，一定要继承‘宁愿一人脏，换来万家净’的时传祥精神。”

“我仿佛从父亲手中接过了一面旗帜。”时纯利刚当上环卫工人时，他被分配在使馆区当垃圾分拣工，每天都要分拣出好几吨垃圾，他总是抢着干最苦、最重的活，在累得实在顶不住时，他就想想父亲背着一个200多斤重的粪桶，一天要背93桶，清理出的粪便要用一辆大卡车才能拉走，与父亲那种深入骨髓的疼相比，自己的工作显然要轻得多。

时纯利先后荣获北京市青年“新长征突击手”称号、北京市劳动模范、全国“五一劳动奖章”。

1999年10月2日，江泽民握着时纯利的手说：“小时啊，你子承父业，要好好工作，为人民服务！”胡锦涛也握着他的手说：“小时，代我向你妈妈问好”——再一次，国家主席与清洁工人的手握在了一起……

声音 · 宁愿一人脏，换来万人净

“不论干什么工作，都是为人民服务。”

“屎嘛，哪有不脏的？可咱要一人嫌脏，就会千人受脏，咱一人嫌臭，就会百家闻臭。俺脏脏一人，俺怕脏就得脏一街呀。想想这个，就不怕脏啦。”

英雄·孟泰

文/车 辉

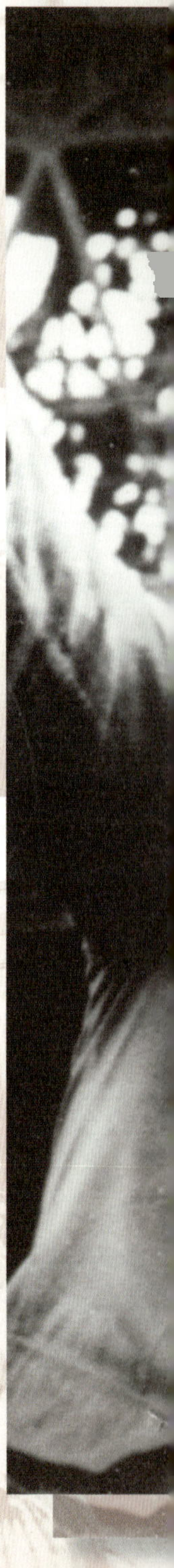

孟泰

（1898—1967），河北丰润县人。原辽宁鞍山钢铁公司工人。1950 年、1956 年、1959 年全国劳模。新中国成立初期，他带领工友们搜寻挖掘器材，并加以整理、分类、修复，然后储存在“孟泰仓库”中，以备急需；不向国家伸手要钱，先后恢复了一、二、四号 3 座高炉的生产。形成了艰苦奋斗、爱厂如家、为国分忧、无私奉献的“孟泰精神”。

1950 年，孟泰进京参加表彰。在小组讨论会上，都是各地的专家名流，时任国务院副总理陈云说：“老工人孟泰说几句。”

孟泰一惊，紧张得汗都流下来了，“我嘴笨，说不好，让有文化的人说吧”。

陈云微笑着说：“你是钢铁战线来的，钢铁第一，你先说。”孟泰憋了半天说：“高炉出铁了。”

大家热烈鼓掌。

“这就是非常好的消息。高炉出铁，我们才能进行工业建设。”陈云哈哈大笑。

01

列车缓缓行驶在辽东半岛，夜幕已经降临，窗外是茫茫白雪，一片城市的霓虹出现后，中国钢都——鞍山到了。方圆四十里钢城如今已是万家灯火，鞍山站周围灯火辉煌的大楼无声地印证着这座工业叙事背景城市的繁华。

而几十年前，这里仅仅是一片荒凉的工业废墟。

是一位叫孟泰的老工人，弯腰从废墟里拣出了新中国的第一座钢城，从此他的命运与这座城市紧密相连。他被奉为这个钢城的英雄，更成为这个国家一个阶级的楷模。

在鞍钢著名的白楼左侧，孟泰的半身铜像矗立在这里。时近小寒，鞍钢已被一场大雪覆盖。14 级台阶上没有一个雪中的脚印，铜像仍一如既往地保持着憨厚的笑容，深邃地、静静地注视着前方。

这个城市随处都有孟泰的痕迹，有以他的名字命名的公园、小学，还有印证着他光荣事迹的纪念馆、孟泰仓库和高炉。只是，相比现代化的大楼与自动化设备，这些实物痕迹已经渐渐萎缩，只有一种无形的血脉和精神仍然存活在这钢花飞溅的工业城市中。

毕竟，一个普通工人能成为一个城市乃至全国英雄的历程世界罕有，也值得追寻。

02

在鞍山最核心的区域，有一片日式的别墅小楼群，一位前任市委书记住所的隔壁，就是孟泰的家。几十年前，身为第一届全国人大代表的孟泰老英雄在这里迎接每一位上门走访的群众。

走进孟泰的家，悬挂在最醒目位置的相片是周总理接见孟泰。摊开影集，上面的相片记录了一个普通工人和当时国家最高领导人的合影——这是一个工人所取得的共和国最高荣誉。

“父亲就是一个朴实无华的老好人，从没觉得自己是英雄，旧社会他是生活在最底层的穷人，处处受欺负。只有在新中国，穷人挺直腰板，新社会的变化激发了他无限的潜能和豪情，从而成为英雄。”

回想起父亲成为英雄的那一刻，大女儿孟庆珍至今心情难以平复。

身为广播员的她亲眼见证了父亲的英雄壮举。那是 1950 年 8 月中旬的一天，一大早，孟泰来到修理厂，正动手干活，突然听见“轰”的一声巨响，好像平地打了个响雷，震得地面打战。

孟庆珍面前已是浓烟滚滚，一大片站在高炉上的工人被挂在上面，很多工人从浓烟里蹿了出来。只有 19 岁的她已经被吓傻在那里，在钢铁厂，高炉就是命根子，一旦出问题便是决定性的，也是最危险的。此时她看见父亲的身影出现了，别人往外走的时候，他却一直往里闯。

她的心已经提到了嗓子眼儿，心里喊：“爸爸，你千万别过去。”可是孟泰已经根本考虑不到自己的危险，他深知如果抢救不及时，工厂就会受到破坏，也会出人命。

此时，高炉又“轰”的一声响，比刚才那声还响，有人跑下来乱窜，吓得方向都分不清，此时的孟泰什么也不顾，拼命向高炉跑去，迎头碰见厂长和几个老工人，大家脸上焦黄，都知道高炉上出了事。孟泰顾不上打招呼，顺着铁梯子就往上跑。此时又响了一声，孟庆珍觉得这声巨响都快把自己的心震出来了，几个在高炉上的工人避在铁柱子后边，早吓呆了。

孟庆珍感慨，之前从来没觉得父亲是英雄，但那次面对生死的抉择，让她感觉到浓烟中的父亲就是一个大大的英雄。

雾气弥漫着，孟泰伸出两手，一面摸索，一面往前走，此刻厂长跟上来，问他："怎么样，老孟？"

"没关系，没关系。"孟泰说，其实他心里也没底，只是看厂长着急安慰他。他在前，厂长和几个工人在后，又向前摸。

这天早晨，整个鞍钢都吓坏了，毕竟在当时，这座高炉对国家的价值非常之大，如果出了问题，后果十分严重。孟泰和配管工人急忙关闭了冷却的水，炉前工人又用耐火泥封住了缺口，终于化解了这次危险的事故。

如今，在一个更加注重生命个体价值的时代，回溯几十年前那一幕，孟泰似乎轻视了救援人员的安危，但在那样的一个年代，孟泰的行为构成了一个伟大的英雄形象。

03

北风刮得紧，雪也下得紧，在鞍钢炼铁厂办公楼的一隅，孟泰纪念馆透出的灯光显得格外温暖。整个纪念馆内空荡荡的，孟泰的半身铜像放在门口正对着馆内的橱窗，橱窗里展示着工人孟泰的一生。

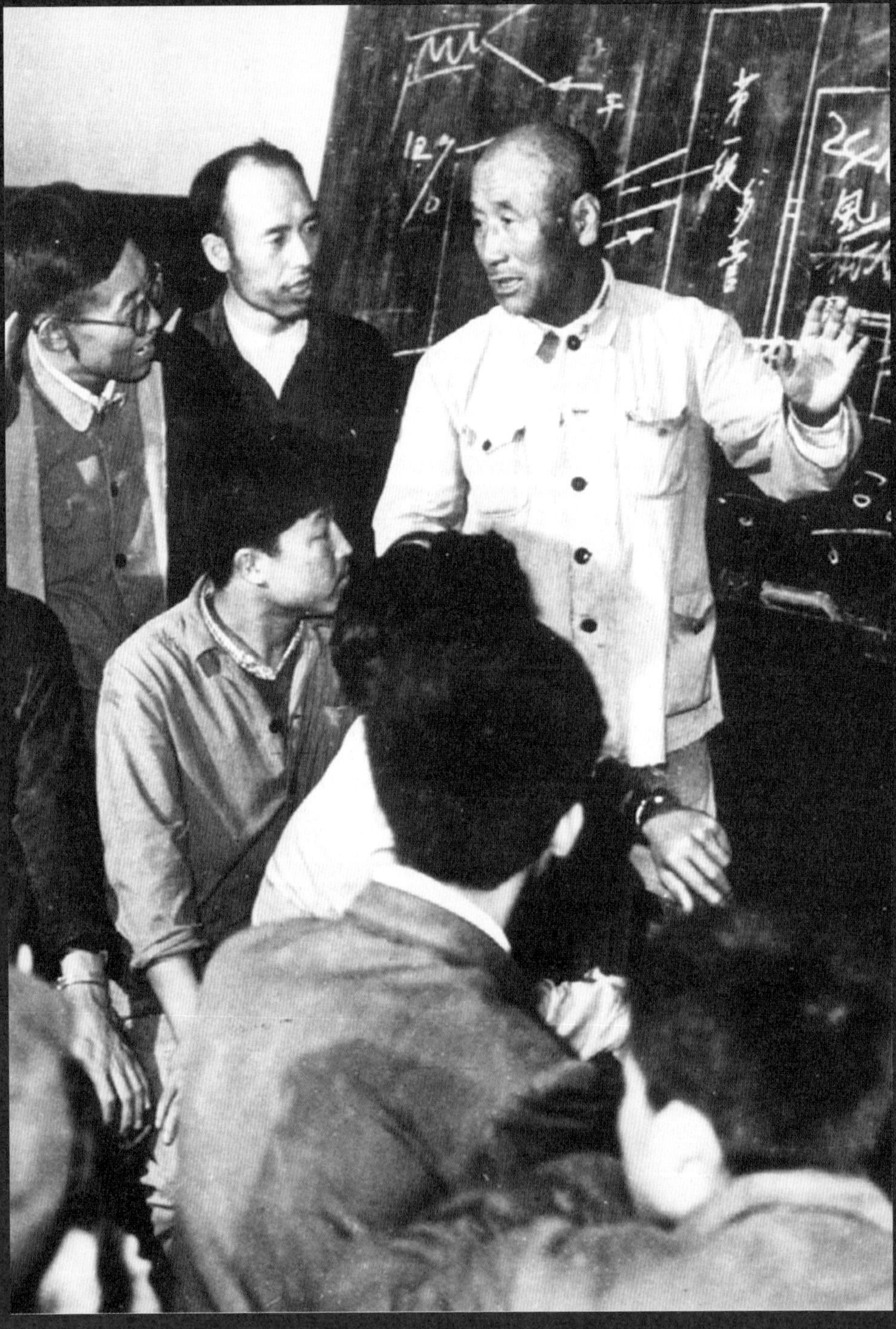

孟泰与工人讨论技术

1962 年，孟泰与工人进行技术协作

1964 年国庆，孟泰与铁人王进喜在鞍山见面

1898 年，一个叫孟瑞祥（孟泰原名）的男孩降生于河北丰润县，这一年，恰逢乱世。中国刚刚在与日本的甲午战争中失败，割地赔款。随后八国联军进军北京，迫使中国签订《辛丑条约》，如山的白银赔款全部沉甸甸地压在中国老百姓身上。

从记事开始，孟泰就没有吃过干饭，烧一锅开水、抓一把玉米面，连吃个玉米饼子都算是过年。

孟泰为了补贴家用，从小就去割苇子、编苇席。鸡不叫就起来，干到下半夜，能编成一个席子，每五天赶一次集市。大雪天里，他双手交叉放进袖筒，一步步倒着走到集市，卖出席子，父亲一高兴给他买个红薯。很多时候，他都是空手而归。

1917 年，丰润的一场大旱让农民颗粒无收。为了给家里省口粮，19 岁的孟泰只身闯关东，先是到了抚顺，当采煤工、小工、铆工，干了将近 10 年。1926 年，28 岁的孟泰经人介绍，来到鞍山制铁所当了一名苦工。

当时，在鞍山有一条铁路，东边叫铁东区，西边叫铁西区，以这条铁路为界，东边住着日本人，灯红酒绿，西边住着穷苦的中国工人。孟泰吃饭的时候，经常会有一些年轻的日本监工过来，一把鼻涕扔到他的饭里，然后大笑着离去。

这样的日子终于熬到尽头。1945 年，日本投降，那些平日不可一世的日本监工临走前，疯狂地毁坏机器，破坏工厂，并对孟泰他们说：“你们不行，只能在这里种高粱。”

国民党来了，孟泰对这支中国军队抱有很大希望，可他们的所作所为让他心凉了半截。接收大员上来就拆机器，大官拆大机器，小兵偷零件拿出去卖，根本没有恢复生产的样子，还要拉孟泰去当兵打仗，孟泰整天东躲西藏。

1948 年，解放军来到鞍山，叩开了孟泰的家门，让孟泰吃上了第一顿高粱米干饭，这支军队对他们满脸笑容，说话特别客气，不知道为什么，孟泰心里一下子亮堂了。

新社会的变化让他应接不暇，像做梦一样，美好的事物一件接一件到来，此时，他尚不知，一个属于劳动者，属于他孟泰的英雄时代悄然降临了。

04

历经磨难的鞍山铁厂，此时几近废墟，马路两边，干枯了的蒿草有人头高，两排高炉也成了一堆废铁，设备被炸得七零八落，几个留在中国的日本工程师看着进城的解放军，又望着废墟说：“你们要恢复鞍钢，至少要 20 年。”

孟泰瞪了他们一眼，围着高炉转了一圈，又来到修理厂，看到一个个散落的零件，忍不住将它们捡起来，用油纸擦拭，看着零件在阳光下重新又发出夺目的光芒，他心里突然明白了什么。

于是，他每天跑到废铁堆里捡零件和设备，扒开一尺多厚的雪，也不怕冻手，一样样往外捡，高压气门、弯头、活塞头，凡是有用的一件也不漏下，捡回来，就擦干净，按不同尺寸分别放好。每天上下班，走在路上，他总是眼睛往下看，遇到螺丝什么的，只要丝质好就放兜里，开始很多人说他中了魔，后来看见那些零件设备摆了一柜子，被打磨得光亮，和新的差不多，很多工人开始跟着他一起捡，然后放到孟泰的那间小屋子，这个屋子就是后来大名鼎鼎的“孟泰”仓库。

当时共和国正处在恢复生产时期，孟泰这种变废为宝的行为引来了社会关注。两名记者前来采访，问他：“是谁叫你这么干的？”木讷的孟泰此时却说出了十分闪光的语言：“为啥？不当亡国奴了，是为自己干的！”

这句极具主人翁意识的话被迅速登报，而且，鞍钢修复的第一个高炉以及以后的第二个高炉和管道系统没有用公款再买一件材料，全部是孟泰仓库里的上千种材料共数十万个零部件组成的。

当火热炽烈的铁水向外飞泻流淌时，孟泰的精神也就被熔铸在了其中，鞍钢自豪地把这第一炉铁水叫作“争气铁”。

孟泰出名了，52 岁的老孟泰成了新中国主人翁——工人阶级里第一个出名的人，从此向英雄的基座一步步迈进。

05

1950 年，孟泰进京参加表彰。在小组讨论会上，都是各地的专家名流，时任国务院副总理陈云说：“老工人孟泰说几句。”孟泰一惊，紧张得汗都流下来了，“我嘴笨，说不好，让有文化的人说吧。”

陈云微笑着说：“你是钢铁战线来的，钢铁第一，你先说。”孟泰憋了半天说：“高炉出铁了。”

大家热烈鼓掌。

“这就是非常好的消息。高炉出铁，我们才能进行工业建设。”陈云哈哈大笑。

那几天，孟泰经历了太多的第一次。其中包括第一次公开演讲，小组决定，由他代表这个小组讲话。这愁坏了老英雄，同行的工程师与厂长模拟观众，搬了板凳在住处充当观众，让孟泰一遍遍演练。

会议结束后，突然有人通知他们晚上有活动，却没有告诉他们具体内容。当夜幕降临，他们赶到了北京饭店，屏风后闪出了毛泽东、朱德、周恩来、刘少奇等党和国家领导人的身影，孟泰排在第一个，一下子就蒙了，不知怎地，泪眼模糊，一句话也说不出来，握着毛主席的手就不撒开，过了一会儿他才说："我是鞍钢的孟泰。"毛主席笑吟吟地看着他说："你好，老英雄。代我向鞍钢的工人们问好。"

这天夜里，孟泰怎么也睡不着，只觉得心里一阵阵发热，躺下又坐起来，坐起来又躺下。

此时的孟泰想的是，为什么自己的人生发生了如此巨大的起伏，一个旧社会处处受气的"臭油包"，现在成了全国瞩目的英雄。

回到鞍钢，孟泰使出浑身的力气，一心扑在厂子里。1950 年，孟泰又一次成为全厂的英雄。朝鲜战争爆发，美军的飞机经常到鞍山来轰炸，孟泰主动地当了护厂队员，把行李扛到高炉上，冒着遭到空袭的危险，日夜守护，誓与高炉共存亡。工友们被感动了，也跟着孟泰一起守护高炉。

第一个高炉开火不久，一个深夜里突然刮起暴风，有人来敲门："孟泰，冷却设备断水啦……"孟泰连棉衣都没顾得穿就向工厂跑。这时高炉就要出铁，断了水的风口和扁水箱，已烧化了七八个，不赶快抢救，就会影响生产。

孟泰问工人："水道里检查了没有？"回答是："没有，已经结冰了……"

孟泰夺过一把管钳，纵身跳进了两三尺深的水道里。水流得很急，站不住脚，孟泰就蹲下去检查，水淹没了他的腰部，他咬紧牙关，终于找出了事故的所在。等到抢修好了，他全身已被冻得失去知觉。

06

国家和鞍钢给了这位老英雄极高的荣誉——特级劳模，同时还选他为全国人大代表、鞍钢的工会副主席。无论在什么岗位，孟泰在大家心里就是一个本分的好人。

他曾跟随慰问团去前线慰问志愿军，和他同去的上海越剧演员傅全香回忆起了她与老英雄的一段往事。

傅全香和老孟泰编在一个队。演员演出总要化妆、卸妆，这都离不开水，孟泰每到一地，第一件打听的事就是有没有热水，然后带头用他那一双结结实实的大手，为演员们端来一盆盆热水。那时演出条件艰苦，山地即是舞台，山风刮得幕布乱掀乱动。每次又是孟泰，紧紧地拉住幕布，有时他索性把整个身子横躺下来，权当“压脚”。

作为全国人大代表、鞍钢工会副主席的孟泰也是职工的贴心人，看到职工的房子漏水，立刻叫人现场解决，在遭受3年严重自然灾害的日子里，孟泰看见炉前工人勒紧裤腰带干繁重的活，体力日渐不支，心里很不是滋味。回到家中，一狠心就把几个女儿靠挖野菜喂养大的两头猪送到厂里，为全厂职工改善伙食。

孟泰的名声越大，找他反映问题和求助解决困难的人就越多。为此，他常常连饭都顾不上吃。女儿们心疼父亲，有时出面“挡驾”，孟泰得知后，严肃地批评了她们。孟泰说：“把老百姓反映的事解决好，

孟泰与外国专家、工人合影

孟泰的天伦之乐

才能吃得香，睡得着，才配当人民代表。”

07

“文化大革命”改变了中国多少人的命运，无从考证，孟泰肯定是其中一个。

周恩来与孟泰的交情很好，这位共和国总理经常和孟泰开玩笑。在一次国宴中，周恩来对孟泰说：“听说姑娘们都不喜欢钢铁炉前工，你这个老前辈给做好工作，关心下青年工人的个人问题。”说罢哈哈大笑。

孟庆珍回忆说，周恩来见到父亲的时候十分放松，父亲常说，都说我是老英雄，我算个啥，人家主席总理这样的人物才是真正的英雄。

突然有一天，孟泰发现自己说话不灵了，鞍钢的人分成了两派，整日在大白楼前打来争去，孟泰也不知道谁对谁错，但他知道停下来不进行生产肯定不对，眼看高炉的烟越来越稀薄，他急得彻夜难眠。

他顶着各种压力，反复向广大工会积极分子和技协活动积极分子宣传任何时候都要维护鞍钢正常生产这个大局。

殊不知，远在北京的周恩来也是心急如焚，而且他的指令也并不能完全得到执行。

劳模们彷徨，工人们混乱，工厂几乎停顿下来。鞍钢不生产，意味着全国一半的钢产量出不来，整个国民经济就要崩溃。

周恩来专门叫鞍山两派的人到北京开会，亲自进行调解。彼时，周恩来的身体已经每况愈下，在调解过程中经常因病情严重而中止。

此时，周恩来想起了老孟泰，他通知老孟泰，让他火速进京，代表几十万鞍钢工人反映真实情况。孟庆珍说，离开鞍钢的头天晚上，父亲一夜没睡，因精神上的压力与彷徨，他的身体也一日不如一日，临走前她就有不祥的预感。

到了北京，周恩来并没有直接接见孟泰，而是让李富春副总理出面与孟泰谈话。

孟泰文化不高，千言万语不知从何说起，找了一些文化人起草了一封信给中央，“几十万鞍钢的工人们着急啊，不生产钢铁怎么能行？……”

但在两派的调解会场上，两派的头头谁也不听孟泰说，朴实了一辈子的孟泰又急又惊，突发脑出血倒地……

再次醒来，已经是在北大医院。此时的孟泰已知自己时日不多，临终前他最忧心的还是鞍钢的生产状况和他的家人。

孟庆珍回忆，她去见父亲最后一面时，英雄般的父亲已经完全虚弱了，话也说不出来，环顾了一下床前，费力地伸出了两个手指头，大家明白，这是想见在总参当兵的二女儿。

1967 年，带着对家人的无限眷恋和对鞍钢前途的担忧，孟泰走完了自己传奇的一生。

孟庆珍说，父亲曾激动地表示：“我跟共产党，跟毛主席跟定了，死也要死在主席身边。”没想到，这句话竟一语成谶。

大女婿在孟泰去世后第一时间紧急请示周总理，表达了家属要求将孟泰骨灰葬在八宝山的要求，周总理立刻答应了。于是，孟泰的骨灰静静地安放在了八宝山革命烈士公墓。

1979 年 12 月 6 日，鞍钢举行孟泰同志追悼大会，恢复了老英雄的名誉。

1986年4月30日，鞍钢公司在大白楼前隆重举行孟泰塑像揭幕仪式。孟泰塑像的基座上镌刻着中共中央总书记胡耀邦的题词：“孟泰精神永放光芒。”

08

历史不断翻过新的页码，不经意间，英雄的价值也在徘徊。

如今，鞍钢作为一个上市公司，全部科学化标准化管理，鞍钢炼铁厂一位工人说：“老英雄的节约奋斗精神是值得我们学习的，但是从废品里捡零件的具体行为现在不能学了，因为一切得按照科学和标准来。”

在市场经济发展最迅猛，国企改革最艰难的阶段，这里曾发生了一件震动鞍钢工人的事，为了在大白楼前修建停车场，孟泰的塑像被挪开……

工人们议论纷纷，甚至有人说：“这不是把祖坟都挖了吗。”有那么一个阶段，传统国企的工人承受着改革的剧痛；也有那么一个阶段，似乎人们对于精神价值产生了迷茫感；那段时间，孟泰的塑像放在孟泰仓库的一个角落，布满灰尘……

经过艰辛的转型，老鞍钢焕然一新，孟泰的塑像又被搬回了大白楼的前方，定期有人将底座上刻着的“孟泰精神永放光芒”的金字擦拭得一尘不染。

如今，鞍山已经走出了1000余位孟泰传人。

“孟泰是个英雄，他的精神永远不过时。”作为孟泰的女儿，孟庆珍感到十分自豪，很多时候，她会去鞍山的孟泰公园转转，看看矗立在那里的父亲的全身塑像。在她内心里，父亲是个慈祥的人，是个朴素的好人，而公园的塑像无声地告诉路过的每一个人，过去、现在以及未来，成为塑像的孟泰已经成为一个城市、一个阶级乃至一个国家的精神坐标。

声音 · 变废为宝的高炉英雄

“没有材料，我们自己找，没有机床，我们自己造！”

“只要信念坚定，没有做不到的事！”

“身不离劳动，心不离群众。”

青春·赵梦桃

文/李　瑾

西 北
棉一

赵梦桃

（1935—1963），河南省洛阳市人。原西北第一棉纺厂细纱挡车工，她领导的“赵梦桃小组”成为我国纺织战线的一面旗帜。1956 年、1959 年全国劳模。1952 年起，她连续七年每月全面完成生产计划，并帮 13 名工人成为工厂和车间先进生产者。她摸索出科学的巡回清洁检查操作法，使断头减少三分之二，粗细节坏纱比过去减少 70%左右。

工人阶级该是个啥样子？

赵梦桃用纪录说话。她创造了千锭小时断头只有 55 根、皮辊花率 1.89% 的好成绩；她创造了“巡回清洁检查操作法”，为织好棉布创造了条件。

她作为优秀代表参加全国纺织行业群英会，和全国的同行交流操作技术；她被选为党的八大代表，在北京出席会议；她参加中国旅行者代表团出访苏联……

01

在陕西咸阳，最有名的企业，要数一家纺织厂。

这家纺织厂的工厂建筑，是典型的包豪斯风格，建设于20世纪50年代，曾经也是人人羡慕的单位。它最早的名字叫西北国棉一厂，后来叫陕西风轮纺织股份有限公司。2012年，它又有了全新的名字——咸阳纺织集团。老工厂退出城市，搬入纺织工业园区，有了全新现代化的厂房，面貌一新，却始终保留着它永不磨灭的“番号”——“赵梦桃小组”。

赵梦桃，是这家企业最为著名的标签。只是，这位声名赫赫的全国劳模，在28岁便以未完的青春作为辉煌一生的结束。

然而，一切并未烟消云散。赵梦桃仍然深深地影响着这家企业的气质，赵梦桃精神，在“赵梦桃小组”一代代传承，整整半个世纪。

是什么力量，让赵梦桃精神代代相传，整整半个世纪？

赵梦桃，又代表了什么？

02

早春，天已破晓，春寒逼人。

14岁的赵梦桃，坐着铁轮大车，一摇一甩从河南洛阳逃荒进了陕西。

父亲得肺痨没钱医治也死了，大哥和小妹因贫病惊吓先后死去，小哥哥被送到陕西省蔡家坡学手艺。这一趟，已经走投无路的母女俩，就冲着小哥哥去，寻思能否找条活路。

1951 年，蔡家坡陕棉二厂为正在修建的国棉一厂招考培训工。

11 月 26 日，这个日子赵梦桃记得特别清楚，她特意穿着蒙了白布的孝鞋，赶去考工，从苦日子里熬出来的孩子，想让爹爹看着，梦桃是怎么好好活的。

“你又瘦又小，怕不够分量！你看这儿……”小伙伴桂云提醒赵梦桃，赵梦桃转身一看，衣襟下鼓鼓囊囊地装了一口袋碎石破瓦，一下子逗乐了赵梦桃：“只要我走进工厂，五条老牛也拽不出来我。”

赵梦桃如愿了，一个逃荒来的农村苦孩子，一下子成了工人阶级——领导阶级、先进阶级，心里的高兴却不敢写在脸上。

泛黄的照片上，刚进厂时的赵梦桃，单眼皮、老式中长头发，黑且瘦，没有一点光彩，眼神是苦的，嘴角是向下的。虽然，如愿以偿成了工人阶级，但少年时期吃尽的苦，还需要时间来一点点磨去。

上班了，编好组，好铺位赵梦桃主动让别人睡，苦活却总抢着做。话不多，可手总不闲着。第三天，选组长，一同来的姐妹们指着赵梦桃齐声喊：就选她。

细纱车间里，大玻璃窗投射的阳光下，万锭飞转，银线如流，赵梦桃看见女工们轻盈地飘滑在机器间，小手这么一拨，那么一捻，那神气劲儿，羡慕死人了。

最叫人眼热的还是老师傅戴的红围腰，周围镶着一条鲜红的宽边，中间缀着“郝建秀工作者”几个字，小梦桃心里想，“什么时候也能围上那红围腰？”

“好好干！下苦干！老实干！”这是赵梦桃的口头禅。人不算聪明，但肯吃苦。一进车间，赵梦桃就把整个人交了出去，像上足了发条的钟表，不管人前人后，活儿松紧，就按照“郝建秀工作法”掐分扣秒，死命地练技术。看见哪个姐妹有点长处，赵梦桃马上给人家递手巾，端水，拜师学艺，毫不嫉妒。不到半年，国棉一厂开工时，赵梦桃也从学习“郝建秀工作法”学习班毕业了。

毕业典礼上，望着桌子上一叠为优秀学生颁发的红围腰，赵梦桃又爱又怕。“第一名：赵梦桃。”听到这个结果，赵梦桃还以为自己听错了。

带上红围腰，小姐妹说：好威武！好光荣。

赵梦桃说：带上郝建秀围腰，就要按“郝建秀工作法”办事！

这下子，赵梦桃更像个开足了马力的机器，开车时，别人一个巡回三到五分钟，她用二分五十秒；别人在车头车尾说话，她上厕所都是小跑。

有人说：看一台车也是那么多工资，何必呢？

赵梦桃说：咱不是为了工资干活！

就这样，争强好胜的赵梦桃，在 1952 年深秋，作为优秀纺织女工被派往青岛疗养。这一次，她见到了自己的榜样——郝建秀。

榜样的鼓舞力量总是无穷的。回到咸阳国棉一厂的赵梦桃，似乎也有了改变。

这时，已经是工会组长的赵梦桃，除自己干好、好好干之外，开

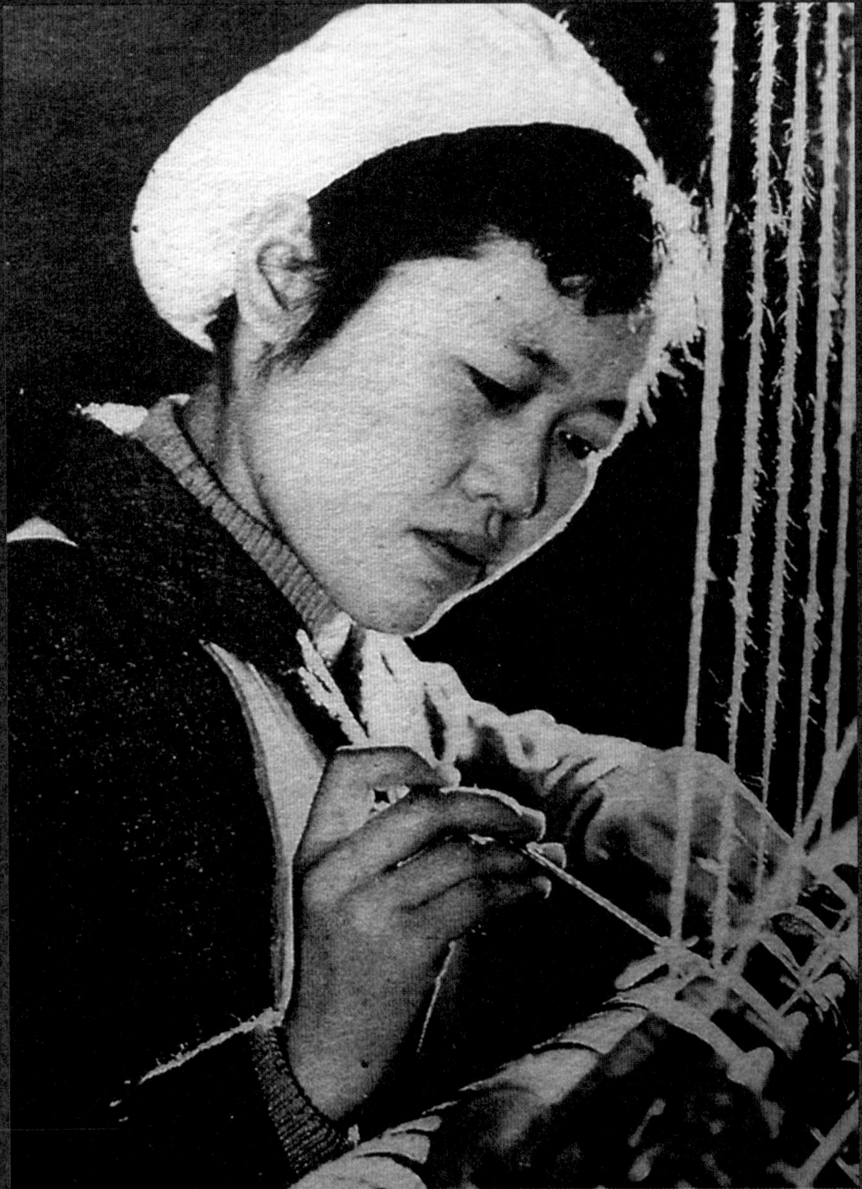

赵梦桃在细纱机旁做机台清洁

赵梦桃在收阅全国各地的来信

始想一些更深刻的问题：我们到底为什么干，怎么干，怎么让大家一起干好？

03

其实，赵梦桃的技术，并不是组里最好的。

但是，赵梦桃之所以能够成为赵梦桃，除了扎实的技术、好胜的心，还有一颗火热地帮助他人的好心肠。正是这样一种精神，让赵梦桃把自己这个小组，锻造成为一个永远站在最前列的小组，打造成为一个永争第一并且从未失手的小组。

翟福兰和赵梦桃不仅在一个小组，家还住得很近。都是从河南逃荒到陕西的，翟福兰太懂赵梦桃的心了。

“从吃不上饭的苦孩子，到成为国家的主人，成了光荣的工人阶级，那谁不下苦力干哪。”翟福兰个子不高，坐在自家沙发上，回忆起过往的岁月，谈兴很浓。

“我们 10 号进厂，15 号就开支，2 块钱，厂里还管吃管住，那高兴得很。在食堂吃饭，也不花钱，卤面、炒饭、炸酱面、包子，8 个人一桌，管饱。”国有工厂的大气，翻身做主的感觉，在翟福兰的心里留下了太深的印象，她说，那是一代人的记忆，包括赵梦桃。

翟福兰有三个孩子，两个儿子，一个女儿。她和老伴住在厂子里最早盖的六层小楼里，“能第一批享受上楼房待遇，也是因为全国劳动模范的身份。”

在翟福兰的记忆里，20 世纪 50 年代，是一个充满了火热情怀的年代。青涩的小姑娘们每人都有一段苦到不能再苦的过去。进了工厂，当了“主人”，除了好好干活，似乎再不会想别的。“在这样的集体里，人人好胜，人人下苦力干，但赵梦桃就会更刻苦一些，开车的人，拿数字说话，人家的出花率就是少，背后下的功夫就是比别人多，到了评先进的时候，就得是人家啊！”

翟福兰也有过自己的辉煌。作为赵梦桃小组的一员，翟福兰和赵梦桃有过太多相似的经历，秉承着同样一种信念，站上了全国劳动模范的荣耀舞台。

翟福兰因为全国劳动模范的身份，住进了厂子里少有的楼房里。之后很多年，虽然这栋敞开式楼梯的水泥楼在整个小区里显得那么老旧，但只有熟悉历史的老人知道，能住进那栋楼里的人，都是有“身份”的人，这是一种荣誉的象征。翟福兰儿孙满堂，逢年过节时，各种领导和组织都来慰问。

如果赵梦桃还在，她的人生不知道是否也会是翟福兰的模样，享受着国家给予的全国劳模津贴，幸福地安享晚年。

04

1963 年 4 月 27 日，陕西咸阳，赵梦桃先进事迹大会正在举行。

28 岁的赵梦桃被授予“优秀共产党员、先进工人的典范”称号，她所在的班组被命名为“赵梦桃小组”。

但是，此时的赵梦桃却已经没有办法来到会场，听不见发自人们内心的如潮掌声。

在军大医院的病床上，赵梦桃通过电波，录下了一段鼓励工友的话：“我一定要战胜疾病，争取早日回到车间，我要和全组同志一起，

1965 年，赵梦桃参加党的八大以后，组织全厂学习毛主席著作

赵梦桃和兄弟厂的姐妹在一起交流

在群英会期间，赵梦桃接受外国记者采访

贡献最大的力量。”

录音在会场上播放时，整个“赵梦桃小组”的工友都失声痛哭。

翟福兰记得，那天的录音里，赵梦桃的声音很微弱，但却说着最铿锵的话：“我们要不换肩，不歇气，一直打到共产主义。”

那天过后，翟福兰和小组的其他 23 个工友一起，来到西安看望赵梦桃，此时的赵梦桃，癌细胞已经扩散到全身。

在很多资料里，几乎都没有提到过赵梦桃究竟是得了什么病，早逝于 28 岁。还是翟福兰揭开了这个谜团。

上班后没几年，赵梦桃和厂里一位优秀的工友结婚成了家。过了好几年，赵梦桃才怀了孩子，可是到了医院一查，怎么是葡萄胎？必须马上做手术。但赵梦桃回答说，“我要回去上班安排一下。”

就是这么一耽误，赵梦桃却付出了巨大的代价。再回到医院时，子宫已经保不住了。“随后的几年，梦桃需要不断地去医院检查，医生说，要是 3 年一切正常，就没事，结果，梦桃在 3 年头上犯了病。”

翟福兰回忆起这段时，不胜唏嘘，“那会儿太年轻了啊，都不太懂事情的严重性。她第一次手术后，厂里就说让她干点轻松的活，调到团委吧，可梦桃自己不愿意，还是坚持要在细纱车间里。”

是啊，细纱车间里有赵梦桃的事业，细纱车间里有赵梦桃的伙伴，细纱车间里闷热潮湿，在纺车间不停地巡车很累，可一心奔着第一去，那心气儿烤得人全身带劲，那才是活着，那才是工人阶级的样子啊！

05

工人阶级该是个啥样子？

赵梦桃用纪录说话。她创造了千锭小时断头只有 55 根、皮锟花率 1.89% 的好成绩；她创造了“巡回清洁检查操作法”，为织好棉布创造了条件。

她作为优秀代表参加全国纺织行业群英会，和全国的同行交流操作技术；她被选为党的八大代表，在北京出席会议；她参加中国旅行者代表团出访苏联……

因为“好好干、下苦干、老实干”，赵梦桃获得了太多的荣誉，这些，让她站上了人生的巅峰。但是，赵梦桃心里清楚，一切源于哪里。

参加中国共产党第八次全国代表大会后，赵梦桃在写给母亲的信里说：妈妈啊，真没想到旧社会一个穷苦家的女孩子会有今天。这光荣应该首先归功于党对我的教育和培养，以及同志们对我的帮助。这是女儿的光荣，也是母亲的光荣。

光荣属于赵梦桃，这光荣，也在“赵梦桃小组”传承。

从“赵梦桃小组”命名至今已经走过 57 年，“赵梦桃小组”已经走到了第 13 任。

细纱车间里闷热依旧，机器的轰鸣依旧，车也还是原来那些车，“赵梦桃小组”依然奋斗在赵梦桃曾经奋斗过的地方。

刘小萍是“赵梦桃小组”的第 11 任生产组长。从 1992 年进入西北国棉一厂开始，就进入“赵梦桃小组”工作，拥有 20 多年的组龄。

在她任期中，“三老”带“十五新”，平均年龄不到 26 岁的“史上最年轻”的“赵梦桃小组”里，“80 后”“90 后”占绝大多数。她们中所有人的生命年轮都没有和赵梦桃有过交集。但“梦桃精神”却在每个人的指尖和脚步中留有踪影。

18个人操作40台1291型细纱机，承担着品牌产品精梳60支、80支纱的生产任务。企业的新产品试验，都由她们来完成。小组实行值车工、络纱工、摇车长定期轮岗，人人都成为既能值车，又能络纱、摇车的多面手。

推着落纱机在轨道上滑动，不时溅出火花，纱管落入布袋，黄娜娜迅速将一个个空纱管插到纱锭上，动作娴熟而稳健。

"'赵梦桃小组'是一面旗帜，要求比其他车间严，组员素质也都很高，如果干不好，自己都会觉得不好意思。""80后"组员王娜娜说。

左手将纱管插在锭子上，右手飞快地把引线绕过导纱钩，送向须条。这样一个细纱车间值车工每天最基本的工作动作——"接头"，"赵梦桃小组"里最优秀的女工每完成10个只需32秒，比企业要求的标准足足快了11秒。现任"赵梦桃小组"的组长何菲，就练就了这样一身本事。

从老一辈人手里学的手艺，传承给下一代新人，"赵梦桃小组"就是一面旗帜，这是何菲的信念。这面旗帜代表的不仅仅是手艺精湛，更是家国情怀的担当精神。

2020年春节，新冠肺炎疫情笼罩中国，何菲坐不住了，"咱小组也得有行动"，她带头捐款300元。紧接着，组员杨卡妮200元、毛阿敏100元、赵菲菲100元……17名小组成员一人不落。

83岁的老组员梁福云主动与何菲通话："疫情面前，我们'梦桃小组'老姐妹决不能袖手旁观。"几天后，何菲从原"赵梦桃小组"第五任组长王广玲的手上接过一张纸，打开一看，密密麻麻的手写捐款单上，李桂英、梁福云、郭小兰、郭淑贞、李玉兰、陈淑华、马顺喜、孙

1959年，赵梦桃参加群英会期间，同张秋香（左三）等劳模合影

赵梦桃到工人宿舍帮助姐妹们解决生活中的问题

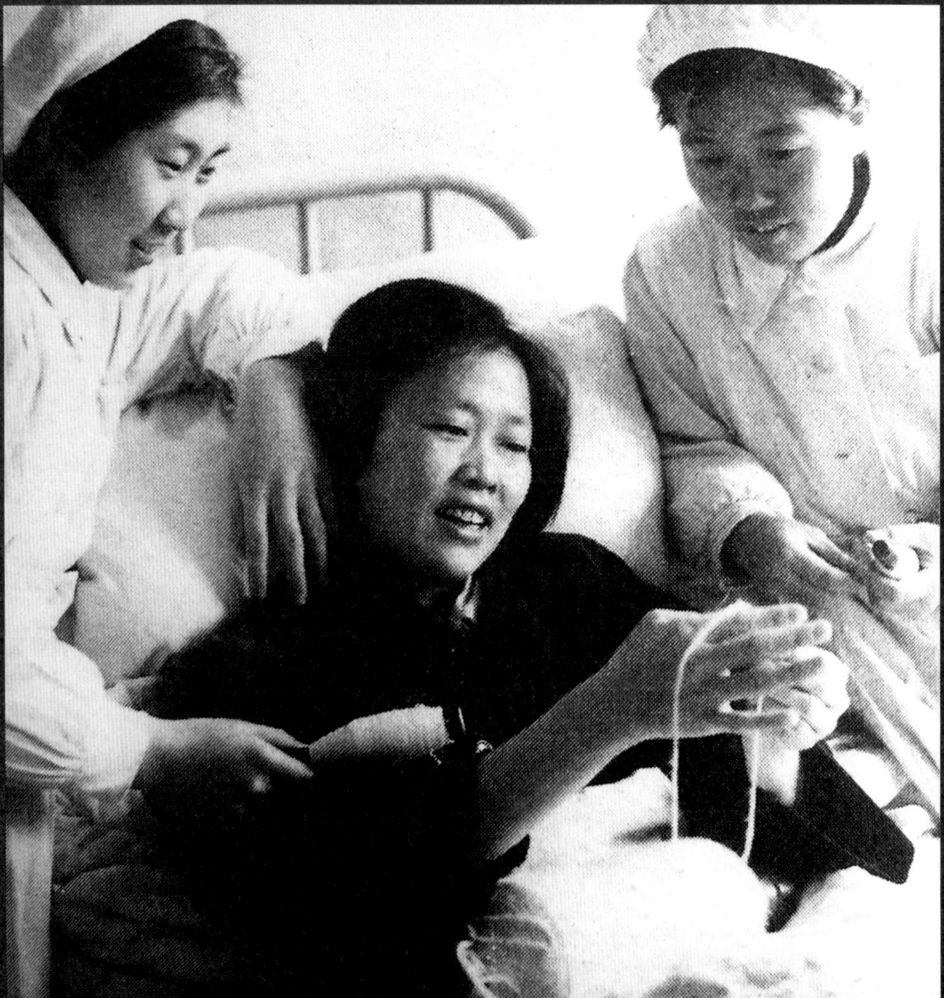

赵梦桃重病住院期间，仍然坚持练技术，盼望着重返生产岗位

西玲各捐300元……

远在广东定居的84岁老组员吴桂贤通过支付宝捐款；在咸阳的历任“赵梦桃小组”组长王西京、王广玲、韩玉梅、刘育玲也纷纷捐款；久居西安的韩玉梅，已在居住小区捐过款，当她听说“赵梦桃小组”捐款后，说啥也要再捐。短短几天时间，新老组员共计捐款7850元。

光荣的集体里，从不缺乏故事。

传奇就是这样被一代代人写就。

这个荣耀小组，曾先后荣获全国“三八”红旗集体、全国工人先锋号、全国先进班组卓越贡献奖、全国纺织工业先进集体等40多项荣誉称号；小组成员翟福兰、韩玉梅、徐保凤、周惠芝等十余位同志被授予全国、省部级劳动模范，有6人分别出席党的全国代表大会、全国人民代表大会等，19人获省部级技术标兵、操作能手称号，所出劳模之多、所获荣誉之高，全国少有。

“你理解的‘梦桃精神’究竟是什么呢？”

“在同等条件下，把工作做到最好，是我理解的现今时代背景下的‘梦桃精神’。”刘小萍说。

“在小组老前辈们的身上，我看到了把‘梦桃精神’一代代传下去，感受到了甘于奉献的家国情怀。作为全国纺织工业战线上的一面旗帜，赵梦桃小组全体组员一定义不容辞担当一份社会责任，守望相助、共克时艰。”何菲动情地说。

06

赵梦桃的墓地，刘小萍带着年轻的组员们去过，何菲也去过。

这也几乎成为每一任“赵梦桃小组”组长上任时的一种惯例。

青砖搭起的墓碑边，时而杂沓着后辈的脚印，可更多的时候，却是清寂。

1951 年，赵梦桃进入工厂，留下了一张青涩的照片。

12 年后，青春定格，赵梦桃走了，却是另一番气质。

没有后代，赵梦桃睡在距离国棉一厂 10 多公里远的垣上，守望着山下机器轰鸣的工厂。

一切的辉煌都已沉寂。

唯有一种精神，久久传承。

声音 · 永远绽放的无悔青春

“好好干！下苦干！老实干！”

“党给我们的荣誉，是党交给我们的任务，现在我们肩上的担子更重了。我要和全组全厂同志一起，像雷锋同志那样，用共产主义的革命精神为党工作，永远不骄傲、不自满，再接再厉，做坚强的突击队红旗手，把这面红旗不歇气、不换肩，稳稳地扛到共产主义去！”

本色·倪志福

文/李元程　李　艳

倪志福

（1933—2013），江苏省川沙县（今属上海市浦东新区）人，1959 年被授予“全国先进生产者”称号，同年 10 月出席了全国群英会。历任北京市总工会主席、北京市委第二书记、上海市委第二书记、天津市委书记、全国总工会主席、全国人大常委会副委员长、中共中央政治局委员等职。

对来访者，倪志福会主动说，“就叫我‘老倪’，工会是群众组织，没有官儿，就是老倪这样称呼。”

倪志福去世后，《中国日报》摄影记者陆中秋在微博中贴出了几张旧照，20 世纪 90 年代，他拍摄了不少倪志福晚年的生活照片。

照片中，倪志福与夫人买菜、晒衣，在天坛公园里晨练，和一群退休老头老太太练太极，站在人群中乐呵呵地看群众拉二胡，衣着朴素，神情闲适。

公园里很多人并不知道他是倪志福，只把他当成一个老兄弟、老师傅，向他诉说喜怒哀乐。

01

2013 年“五一”国际劳动节前夕，倪志福在北京逝世。

这一天是 4 月 24 日，这位传奇人物走完了 79 岁的人生。

在这样的日子离去，仿佛是上天的有意安排。5 月 2 日，新华社发出一篇文章，以“斯人已逝，劳动之美永存”为题来追思这位“特别的全国劳模”：

“他是大名鼎鼎的工业发明家，半个世纪前发明的钻头至今仍处于国际先进水平；他出身工人家庭，从一名普通工人成长为革新能手，并成为中共政治工作和工会工作的杰出领导人；他是新中国第一代全国劳动模范，也是中国第一位拥有发明专利的党和国家领导人。”

倪志福的传奇经历，常常在老一辈工人口中相传。这个名字，就是一部励志书。由一名普通工人成长为革新能手的先进事迹，激励了几代人爱科研、爱发明，在本职岗位上痴迷创新创造，实现梦想。

02

那些发黄的老旧照片，记录了倪志福青年钳工的岁月。照片定格的瞬间，留下了火热年代青年工人爱岗敬业、专注技术革新的时代精神。那种气质，至今令老一辈工人深深眷恋和怀想……

1965 年，北京永定机械厂著名的革新能手倪志福表演了钻头刀模操作方法

1977 年 10 月，倪志福在北京内燃机总厂参加“群钻”操作表演

倪志福1933年出生于上海。1950年，17岁的他进入上海德泰模型厂做学徒。1953年，他被分配到国营六一八厂（北京永定机械厂）五车间当钳工。钳工是一个技术岗位，倪志福在这里很快显露出了“勤于思考，潜心发明创造”的个性。

就在这一年夏天，车间接到一批很伤脑筋的活，要在一种特殊的钢材上打眼。事后得知，倪志福所在的车间接到“伤脑筋的任务”，实际是为抗美援朝中破损装甲车特种钢板加工打眼，而这种钢材连当时苏联著名的“席乐夫钻头”也很难钻动。这种钢材硬度大，“标准钻头”钻半天才能打通一个眼，而且还磨损钻头，一天竟烧坏12支钻头，效率很低。

翻开当年的报道，今天的读者得以见到当时的情景：倪志福反复观察和研究那些磨损了的“标准钻头”，发现那些磨损坏的钻刃全在钻头的尖部和两侧。为什么每个钻头都是同一个地方被磨损呢？是不是这些地方的压力特别大，一个尖的面积小，承受不了？倒不如干脆把它们磨掉一点试试看。

他尝试把钻头上被磨坏的尖部和两角都磨去，变成3个尖、7个刃的麻花钻头，装在钻床上开动马达一试，眼看着钻头钻进了坚硬的钢板，手握的扶把也比以前轻快多了，一会儿工夫，就打出一个又光又圆的眼……

这一技术革新，一下破解了难题！在国内外引起重大反响，被称为“倪志福钻头”。这是中国工人在机械加工领域对世界的重大贡献，在同样钻削条件下，可提高钻头的一次刃磨寿命3~5倍。

03

在 20 世纪 50 年代，以倪志福名字命名的“倪钻”，是那个时代的关键标签。

1959 年，26 岁的倪志福被授予“全国先进生产者”称号，10 月出席了全国群英会。

同年 11 月 1 日，《人民日报》刊发文章《倪志福和他的钻头》。这篇具有时代特色的劳模报道使他成为闪耀的“明星”。

1964 年 8 月，世界科学讨论会在北京召开。时年 31 岁的倪志福代表中国工人第一次登上了世界科学讲坛，宣读了他的论文《倪志福钻头》，赢得了与会 44 个国家和地区科学家们的赞誉。1986 年 10 月 21 日，联合国世界知识产权组织向他颁发了金质奖章和证书，并于当年授予他“杰出的发明家”称号。这是一名中国工人在科学技术领域迄今取得的最高荣誉。

时至今日，“倪钻”这一发明在业界仍享有重要地位。今天的许多年青工人，是先在工作中认识“倪钻”，才开始了解倪志福的。

“倪钻”就像一个标识，标记了工人发明家倪志福最令人难忘的特征和最了不起的成就。

因为钻头一举成名，倪志福却认为，“这款钻头虽然是我在工厂干活时磨的第一支钻头”，但是在各方专家和能手的支持帮助下不断改进后定型的，是“群众智慧的结晶”，应该把“倪志福钻头”改名为“群钻”。现在，公开出版的教学书籍中都将“倪钻”称为“群钻”。

一个“群”字，体现出了倪志福的本色。

1980 年 2 月 7 日，倪志福在北京天桥百货商场向商场职工进行春节慰问

1985 年，倪志福在庆祝“五一”国际劳动节游园会上同首都工人一起交流

04

“倪志福钻头”给倪志福带来了极大的荣誉，从1973年开始，这位工人出身的著名劳模走上了政治舞台，逐渐成为中国共产党政治工作和工会工作的杰出领导人。

翻开他的简历，倪志福历任北京市总工会主席、北京市委第二书记、上海市委第二书记、天津市委书记、全国总工会主席、全国人大常委会副委员长、中共中央政治局委员等职。他是中共第十届中央政治局候补委员，第十一届、第十二届中央政治局委员，第七届、第八届全国人民代表大会常务委员会副委员长。

从领导岗位上退下来不久，倪志福又回到了发明家的队伍中。

1999年，他担任了中国发明协会理事长，把主要精力放在了支持广大发明人的发明创新、维护发明者的合法权益、促进发明成果转化为现实生产力的工作上。

作为发明创造活动的积极实践者，倪志福对发明创造事业始终有着特殊的感情，为推动我国群众性发明创造事业，提高职工队伍技术水平倾注了大量心血。

倪志福当时曾说：“本来我以为我退下来了，我的任务已经完成了。现在看来还不行，要充分利用我们的发明成果去占领市场！”

原来，由于20世纪50年代人的知识产权观念相当淡薄，“倪钻”的实验数据毫无保留地向世界公开，在世界范围内被无偿使用。国际市场上出现了模仿标准“倪钻”钻型的钻头产品，打的却是外国的品牌商标，还被外国人申请了专利。“倪钻”成果保护的缺失成为他的一块心病。退休后的倪志福又一头扎进了“倪钻”的研究中，率领当年的徒弟们对“倪钻”进行改进创新，2001 年底，国家知识产权局终于确认其拥有“多尖多刃群钻”的实用新型专利。

2006 年 1 月，《经济日报》发表了一封特殊的读者来信。这位特殊的读者就是倪志福。他在来信中深切建议“应重视高级技工的培养”。编辑在配发点评时感慨：“曾任全国人大常委会副委员长、全国总工会主席的倪志福同志有感而发，近日给本报来信，强调要重视技工教育的问题。他是共和国的老劳模，‘倪志福钻头’的发明人，长期在生产一线上摸爬滚打，对技术工人之于企业的技术进步和经济发展有着深切的感受。他的呼吁应当能够唤起更多的人对技工教育现状的关注。”

……

由此可见，在倪志福心中，始终存在着“技术革新”情结。

05

从普通工人成长为党和国家领导人，倪志福拓展了人生履历的宽度和高度。

倪志福去世后，《中国日报》摄影记者陆中秋在微博中贴出了几张旧照，20 世纪 90 年代，他拍摄了不少倪志福晚年的生活照片。

照片中，倪志福与夫人买菜、晒衣，在天坛公园里晨练，和一群退休老头老太太练太极，站在人群中乐呵呵地看群众拉二胡，衣着朴素，神情闲适。

公园里很多人并不知道他是倪志福，只把他当成一个老兄弟、老师傅，向他诉说喜怒哀乐。

20世纪90年代，倪志福退休后的生活照片

2002 年 10 月 7 日，倪志福在家中接受《工人日报》记者采访

晚年的倪志福住在北京台基厂一座灰围墙的院子里，很安静，带着几分神秘。然而，让人意想不到的是，这位国家领导人家中的陈设虽然像电视剧里20世纪80年代部队首长家那样，房间很大很多很整洁也很朴素，但家具却都是普通样式的木家具，刷成最常见的棕色油漆，书房顶天立地的书柜占据了一面墙，沙发也是像政府会议室那种样式，沙发背和沙发扶手上搭着白色的钩花盖巾，比普通市民家的家具还老旧，朴素得常常让到访者觉得“寒酸”。

“首长，您这家里布置得也太简单了，家具也该换换了。我去过很多跟您这样级别高的大领导家，没有像您这样还用着几十年前的旧家具的了。”

仿佛是听惯了这样的议论，倪志福的回答很随和，“我这样挺好，挺好。”他一副好脾气地连声说。

而对于如何称呼他？倪志福的回答更是让人意外，“就叫我‘老倪’。工会是群众组织，没有官儿，就是老倪这样称呼。”

晚年，他因为脑出血开了两次颅，其中一次他说是因为看到工会大楼站了门卫，“要是工人进不了工会的大门，这怎么行？一生气我就脑出血了。”倪志福一口上海普通话，让人觉得亲切放松。

“您年轻时可真帅呀！”听到有人这么说，他也会用胳膊肘顶一下对方的胳膊，露出几分得意的笑容。

“有一次到苏联访问，我夜晚到一个苏联专家家里做客，主动做起了友好大使，结果被周恩来总理表扬，说这个年轻人有悟性。”在倪志福的记忆里，这些荣耀的时刻让他慰藉一生，也让他很善待后来者。

……

一位采访过倪志福的年轻记者回忆，在一次全总举办的五一劳模招待晚宴上，倪志福老远就主动向她招手，并对陪同他的全总领导介绍，“她采访过我。”

这样的记忆力，真让人惊叹；而这样的友善厚待，也让刚刚出道的记者感念。

声音 · 一把钻头磨出人生辉煌

“本来我以为我退下来了，我的任务已经完成了。现在看来还不行，要充分利用我们的发明成果去占领市场！”

“人生活在世上，都在自觉不自觉地书写着，写得好写得坏，写得厚写得薄，写得平庸写得精彩，全看你自己如何运笔。”

工人阶级的光辉形象·王进喜

文/李 冀 张 杰 杜 铁

王进喜

（1923—1970），甘肃玉门人。原大庆油田钻井指挥部副指挥、钻井队队长，被誉为“铁人”。1959 年全国劳模大会集体代表。1958 年 9 月，他带领钻井队创造了月进尺 5009.3 米的最新纪录。他还摸索出一整套优质快速打井的经验。1959 年创年钻井进尺 7.1 万米的全国最新纪录，1 年的进尺相当于旧中国 42 年钻井进尺的总和。

最近，大庆油田 1205 钻井队，在冬季整训中，为了进一步加深阶级教育和艰苦奋斗的传统教育，邀请了已调离本队的同志和全队职工，一起大摆队史，大讲“铁人”精神。王铁人读毛主席的书，听毛主席的话，不为钱、不为名、不怕苦、不怕死、一心一意为革命的精神，深深教育了大家。

王铁人，并不是他的真名，他叫王进喜。大庆石油会战初期，他是一个钻井队的队长，为了早些把石油开采出来，他带领全队工人，吃在井场，睡在井场，一连好几夜没有离开井场。王进喜的房东，一位老大娘，见他几天几夜没回来，一直坚持在井上干活，感动地说：“他真是个铁人哪！”随着他在劳动中不断出现的英雄事迹，石油会战领导机关发出号召，要全体职工学习王铁人。从此，王铁人这个光荣的称号，就深深地刻在了大庆人的心里。

为中国人民争气

王铁人说，他是带着一股子气儿到大庆来的。

1959 年，他从玉门到北京开群英会时，看到汽车背着个包来回跑，问别人："这是哪国造的？上边装那家伙干什么？"人家说是没有汽油烧的煤气。这话像锥子一样把他刺得生疼。"真急人呀！我们这么大国家没有石油烧还得了！我一个石油工人，眼看没有油，让国家作这大的难，还有脸问！再莫问了！"到人民大会堂开会，他的心也不平静，一到休息，就悄悄躲在一边，心里很别扭……

六岁就拉着棍子领着双目失明的父亲讨饭的王铁人，从 1938 年玉门油矿一成立，就被拉去当民夫。干了 10 来年，没有捞到一套铺盖，盖的是一张烂羊皮，铺的是一摊麦秸；干了 10 来年，没有上过钻台，没有摸过钻机的刹把。新中国成立后，他成了国家的主人，当了副司钻，在党的培养下，铁人进步很快，不久，当了钻井队队长，入了党，他的队也成了全国著名的标杆队。

最初，他有单纯的报恩思想，后来越学毛主席著作，越觉得光有报恩思想还不够，世界上还有好多像他母亲那样，被保甲长打了再打的人；还有好多像他父亲那样，受了地主打骂反被判了三年徒刑的人！他想：毛主席说，要把革命进行到底。到底，就是把全世界被压迫的人民都解放出来。

慢慢地，他成了一个自觉的革命战士了！他爱出新主意，爱搞新改革，爱用废旧的钻头打井，他听不得别人说中国不行，见不得别人说工人办不了什么事儿。谁说这种话，他就想和谁“干仗”。

可是，那时候偏偏有人说中国是个贫油国家。早在1914年，有位美国人到中国考察石油时就说：中国没有石油。过了6年，一位叫艾·斯达金的美国人又公开说：“中国石油储量极其贫乏。”又过了25年，国民党再请来一位叫芮奇的美国人，他在中国石油储量这个问题上说：“建议他们忘却了吧！”就这样，一直到新中国成立后，我们有些挺不起腰杆的人，也悲观地说：“中国就是个贫油国吧！”铁人一听到这种论调就生气。他说：“我就不信石油就只埋在他们的地下，不埋在我们的地下，依我看，中国好多地方都有油。”他一直相信中国的丰富资源，相信中国工人阶级的力量！

1959年，他到北京，看到汽车没有油烧煤气，他真的气愤了！他过去也知道中国缺油，但从来没有想到会严重到这么个程度。难道中国在石油上真不行吗？难道就眼看着让帝国主义看我们的笑话吗？

就在这次群英会期间，他听到了一个消息：发现了一个新油田。他高兴得都跳起来了，马上向石油部领导申请到这个新油田来。他说：“帝国主义说我们贫油，今天我们石油工人硬要拿下个大油田给他们看看！”

回到玉门后，左等右等，调令没下来。转眼，1960年来了！这期间，修正主义和帝国主义勾勾搭搭更加明显了。修正主义帮着帝国主义卡我们的脖子，要我们向他们低头。铁人在回忆到这段时期的情况时说：“修正主义想用石油卡我们，想叫我们交出红旗。我们能够这样办吗？绝对不能！我们就要靠毛泽东思想赶快拿下这个新油田！”于是，王铁人又一次向领导申请到新油田来。

终于，调令下来了。王铁人把东西都交给火车托运，身边只带一套毛主席著作，就和32个战友一起动身了。在车上，他就组织大家学习《为人民服务》和《愚公移山》，让大家讨论：为什么参加会战？有的说："去打井搞油呗！"铁人说："这话也对，可不完全对。我们是去革命！帝国主义和修正主义在石油上卡我们。我们一定要拿下个大油田，甩掉石油工业落后的帽子，为毛主席和全国人民争口气。"

王铁人就是带着这样一股子气儿到大庆来的！

天大的困难都要上

一下车，他们看到了一种十分紧张繁忙的情景：到处堆满了器材，到处挤满了人。人们高声地喊着——湖南话、甘肃话、四川话、上海话、北京话……好像全国各地的人都拥到这个小站上来了；再加上火车的吼叫声，汽车喇叭声，马的嘶鸣声，器材的撞击声……把个小站给搞得热腾腾的。

王铁人和伙伴们下了车，就奔向他们的目的地——马家窑。到了马家窑一看，一片看不见边的荒原。他仿佛已经看到，在这片荒原下边大片大片的油层。新中国成立前，他挨过地主的棍子、工头的鞭子，从来没有掉过一滴泪。他把眼泪咽在肚里，变成了复仇的力量。而现在，早就梦想的大油田摆在眼前了，他看着看着，流下了眼泪！

王铁人把身上的破棉袄一撩，眼泪一抹，激动地说："这儿就是大油海，这儿就是大油田！甩开钻机，敞开干吧！这一下可要把石油落后的帽子扔到太平洋里去了！"他恨不得马上架起钻机，把石油取出来，送到北京，送到上海，送到全国每一个地方去。当天晚上他们在一个村

1958 年 9 月，王进喜带领贝乌 5 队创出了月进尺 5009.3 米的全国钻井最高纪录和世界少有好成绩。年底实现了“月上五千，年上双万，祁连山上立标杆”的奋斗目标

1960 年初，石油工业部部长余秋里点将，调玉门王进喜等队赴松辽参加石油大会战。王进喜在玉门动员大会上发言，请求尽快开赴大庆

子里，找到一间三堵破墙、四壁透风的马棚，里边堆满了马粪，他们打扫了一下，30几个人挤在里边，背靠背地过了一夜。有几个伙伴实在挤得受不了，抱着一堆草，半夜里摸黑找到一个夹道，倒头就睡。醒来一看，原来睡在一口井边上，地下全是冰。

一觉醒来，有个别人一点精神也没有了。先是唉声叹气，后来就憋不住了："这个地方能打出井吗？冰天雪地的，连个锅碗盆勺和住的地方都没有。"铁人感到氛围不对。他想："说这话的人也是好工人呀！来的时候，他几次举起拳头表示要到最艰苦的地方去；在火车上兴奋得唱完一首歌再接一首歌，而现在他退缩了。的确，这不是一般的艰苦，这是在新社会成长起来的青年工人根本想象不到的艰苦。但是，不管多艰苦，石油要紧呀！"于是他问指导员："你当了几十年解放军，打仗时遇到这么多困难怎么办？是上还是退？我没打过仗，我想怎么也不能退。"指导员孙永臣说："绝对不能退！剩下一个人也要上！"

是的，这次会战，确实是在困难的时候、困难的地方、困难的条件下开始的。上，还是不上？快上，还是慢上？上，无非是多流一些汗，多吃一些苦。不上，国家没油影响国防和建设，帝国主义、修正主义还会利用这个缺口卡我们的脖子，这就成了根本性的困难了。大庆人，在困难面前没有退缩，而是知难而进，"快摆硬上"。他们主动把困难的重担担起来。

吃罢早饭，大家就立刻繁忙起来了！有人每天到四站打听钻机什么时间到，有的人就平井场，做好打井的准备工作。铁人呢？他按照毛主席关于调查研究的教导，到处访问看守探井的工人和当地农民，了解地层情况。

后来，钻机到了。吊车不够用，60多吨重的东西，怎么从车上卸下来？怎么安起来？同志们都很着急。就在这时，党支部开了会。铁人说："没有吊车，咱们有'宝贝'，照样干！"有人问："啥宝贝？"铁人说："大活人！毛主席不是教导咱们人的因素第一吗？大家讨论讨论怎么办？"有人说："人拉肩扛也要把钻机弄到井场！"铁人说："对，咱们就是只能干、不能等。有条件要上，没有条件创造条件也要上，天大的困难都要上。"说干就干，一场紧张的战斗开始了。真不愧为老标杆队的作风：30多个人，个个像小老虎一样，争着抬，争着扛，英姿焕发，勇猛异常。工人们抬一趟，铁人就和指导员抬两趟。大家一边抬，一边喊着号子，情绪十分高涨。

就这样，他们用了一天时间，把钻机从火车上卸下来，又足足用了三天三夜，终于把40多米的井架和钻机矗立在大荒原上了。

和帝国主义争时间

1960年4月14日早晨，当巍然的井架披上第一片金色霞光的时候，钻台上一片紧张气氛，战斗开始了！

王铁人披着他那件沾满油污的超级大国羊皮袄，一个箭步跨上钻台，用他那粗壮而有力的手握住冰冷的刹把，一阵轰鸣，开钻了！这时，他那布满血丝的眼睛里含着微笑，一股热血涌上心头。现在，他觉得手里的刹把不光是个打井的工具，而且是改造世界的武器，是向帝国主义和修正主义作斗争的武器！他狠狠地握住刹把，想着高速度、高水平地向地层打下第一个单根。

但是，开钻了，罐车没有，水管线没安好，到哪里去弄水？钻机没有水，就像人没有血液一样，动弹不得。等待吗？不能等，时间是党的，时间是国家的！谁也没有权利白白浪费。他们主张：没有水，端水也要开钻。

有人反对，说这简直是瞎胡闹！

铁人问他："我们打井怎么是瞎胡闹？"

那人反问铁人："你看哪个国家是用手端水打井？"

铁人说："就是我们国家！"

立刻，大桶、小桶、脸盆、灭火器的外壳，都成了运水的工具。

刚刚保证了开钻用水，地下又发生了漏层。漏层好像个无底洞，水一进去就被吞干。怎么办呢？天不怕、地不怕的人们怎能被这点困难吓倒！大伙说："漏多少，端多少。"村子里边的井水端干了，他们就跑到一里多地的水塘，砸冰取水。有的人脚冻成了冰疙瘩，有的人手冻得失去了知觉，但是跑得更欢。他们一共端了 200 多吨水，终于战胜了漏层。

200 吨水！这样大的数字，是用脸盆、水桶这样一些容器一点一点端的啊！这不是在端水，这是在显示中国工人阶级穷干、苦干的决心，坚韧不拔的毅力！它显示了中国工人阶级在毛泽东思想武装下，攻无不克、坚无不摧的力量！

第一口井只用了 6 天多，创造了当时油田钻井速度的最高纪录，质量达到全优。油田指挥部决定"五一"开誓师大会，号召大家学习铁人和他的钻井队。就在这个时候，一件意外的事情发生了。

5 月 1 日，天刚蒙蒙亮，铁人指挥大家放井架，他举着双手，眼望井塔，一边吆喝着，一边后退着，忽然前边的钻杆从堆上滚了下来，砸伤了他的腿，他昏了过去……好半天才醒过来，看见指导员和工人抱着他的腿哭，再一抬头，井架还没有放下来，他急坏了，对指导员说："打仗时伤了人，你哭，你这一连人都哭，敌人来了把你们都活捉了！能哭吗？"说完，他猛一下坐了起来，喊了声："继续放！"就举起双手，继续指挥。鲜血从他的裤腿和鞋袜上渗透出来，一个工人过来紧紧捂住他的伤口……

但是，再有几个小时就要开大会了，领导事先通知要铁人带着大家参加。铁人去，还是不去？工人说："不去开会，去医院！"他挺着脖子坚持去开会。他说："这是第一次万人大会，不去怎么能了解大会精神，又怎么能多打井，快打井，打好井。是腿要紧，还是出油要紧？"同铁人一样敢上刀山，敢跳火海的队员们，是了解铁人这种心情的，大家被他说服了，然后互相保证，谁也不把铁人受伤的消息传出去。

工人们把他腿上的血洗了一下，撕下一片衬衣包扎好，想法找了一辆马车坐上去开会。到会场后，铁人才知道要号召大家学习他和他的井队！几个女青年给他披上红、戴上花，他骑上高头大马，在大家前呼后拥下绕场一周。然后，他咬着牙登上了主席台，坐在领导身旁，忍受着阵阵剧痛，满面笑容和平常人一样，但是脸上豆大的汗珠淌了下来。领导同志奇怪地问他："老王，你怎么这么热？"

"是热哩！"铁人笑着回答。

这时，会场上"向铁人学习""向铁人致敬"的口号声响彻云霄。

争的是党的大红旗

大会开过后，铁人的小腿肿得厉害，伙伴们为他的腿担心得饭也吃

王进喜积极响应会战领导小组的号召，带头
学习毛主席的《实践论》《矛盾论》

王进喜喊着激昂的号子，5 吨多重的绞车被拉上 2 米多高的钻台

不下，说什么也要他到医院去。他却对大家说：“人家白求恩到中国来帮助我们革命，都不怕牺牲。我伤了腿算个啥！我不能工作，嘴还可以动弹，谁都不能讲出去！”

没有不透风的墙。过了些日子，领导还是发现了。终于把他送到了医院。

“王铁人呀，王铁人！这是什么时候！大家都在轰轰烈烈地为石油而战，我能安安稳稳躺在病房吗？”一个个生龙活虎的队员又闪现在他的眼前。

周正荣，胆大心细，有困难他抢在前头，有享受他躲在后面。

苏顺国，黑天白日不离井，你叫他去休息一下，他就是不回去，还满有理由地说：“你为啥不回去，要我回去？”

苑玉福是个好管家，他本来是柴油机司机，可是把队里的工具、材料都收拾得井井有条。

……

“我们的工人可真好啊！但是毕竟还是一些小伙子，经得不多，见得不广……我不能离开他们，我怎能穿上白袍子，盖个十字被……”

他睡不着，打开《毛泽东选集》，又看了《纪念白求恩》。他想，白求恩为什么？现在全国人民都在支援大庆，都在眼巴巴地看着我们……我的腿顶多化了脓，锯掉拉倒。没有腿就不革命了？

第二天，一辆汽车送来个病号，大夫、护士们暂时离开了铁人。他一看是好机会，拄上拐棍就往外溜，他请求司机把他带了回去。

以后，他的伤势一直不好，大家又把他送到离这里更远的医院去治疗。同志们想，这一下他可跑不回来了。没料想，他一到那儿，没有看病，晚上坐上火车就往回跑。下了车，正遇上大雨，看不见哪是泥，哪是水；哪是天，哪是地。他摸着黑，拄着个拐棍往前闯，一失足，掉进了一个黑乎乎的泥塘里……踉踉跄跄地走了三四里地。

一点多钟的时候，队上的同志都睡了，忽然听到门响，点上灯，打开门一看，铁人队长又从医院跑回来了。他浑身上下没有一点干的地方，全糊满了泥；脚上缠着绷带，手里拄着拐棍。大家鼻子全酸了，就让出床来，要铁人休息，可是等大家把一切都安排好，铁人却拄着拐棍上井去了。

……

打第二口井时，铁人的腿还是肿得很厉害。这口井是大庆地区第一口生产井，“六一”就要出油。铁人怎能休息呢？他拄着拐棍，在井上成天跳来跳去。

有一天，铁人正坐在套管上，猛听“轰”的一声，钻机上 60 多斤重的方瓦飞了十几米高，井喷的迹象出现了。

井喷，就可能把几十米高的井架和钻机陷到地里去。在这千钧一发的时候，他的腿好像一点也不疼了，拄着双拐就跑过去。他立刻和大家商量，让大家想办法。有人说：“加重晶石压井。”可是这里是新探区，地区分散，等重晶石从几十里运到，事故就已经造成了。

有人提出：“用水泥掺土压井。”有人担心加水泥会把钻杆凝固到井里。铁人也知道加水泥压井是史无前例的事，可是还有什么比这更好的办法呢？他根据过去的调查，知道这里的水碱性大，只要抢得快，水泥一下凝固不了。用这个办法，有可能压住，也有可能压不住；如果用这个办法，出了事故，就可能受到处分；但是不用这个办法，那就任凭井

开钻需要大量的水，但等罐车送水要排到 3 天以后。王进喜说：“还是那句话，有也上，无也上，创造条件上。”老乡家的井水端没了，他就带领工人到 1 公里外的水泡子破冰取水，王进喜带头运水

当了领导干部的王进喜，始终保持工人阶级的本色不变，甘愿为党和人民当一辈子“老黄牛”，艰苦奋斗一辈子。为掌握第一手的生产动态，王进喜经常深入基层参加劳动。这是他在打扫钻台卫生喷了。在这万分紧急的时候，铁人没有想到任何个人的得失，他大声地说：“加水泥！”

一个个像小老虎似的队员们，各就各位，迅速行动。泥浆池里倒进一袋又一袋水泥和土。铁人一看，需要搅拌，又没有搅拌器，他把拐棍一甩，大声喊：“跳！”跟着一个箭步跳进齐胸深的泥浆池里，工人周正荣、戴祝文等七八个人也跟着跳了进去。他们拿着铁锹搅拌水泥和土，足足搅了三个小时，终于压住了井喷。大家把铁人背上来时，他的腿疼得都动不了了，立刻扑倒在钻杆上。泥浆把他的手都烧起了水泡。

井喷压住了。这是用从来没人用过的办法压住的。冒险吗？不，这是铁人和他的伙伴们对祖国、对党、对人民的一片忠心所产生的勇敢和智慧。10多年来，铁人和他的伙伴们，在井场上遇到多少次艰险，他们总是临危不惧，挺身而出，抢救了多少国家财产，制止了多少事故……

几年来，铁人想的不是他一个队打上去，他希望所有的队都打上去。他争的是党的大红旗，国家的大红旗，而不是插在他们井架上的那面小红旗。他常说：“一个队打得再快，也拿不下来油田，我们要叫所有的钻井队，都打上去，超过我们队，我们才高兴呢！”所以，他始终把关心别的队、帮助别的队，看成是自己的责任！有的队没有方钻杆了，铁人他们就把自己新的方钻杆抬上，跑了二里多路送给人家；有的队出了问题，铁人就连忙跑过去和人家一起认真地调查研究。当他们队工作最紧张的时候，他却让指导员领着大家干，他自己带一个班到别的队去帮忙；当他和别的队开展对手赛时，自己的水龙头坏了，刚要换新的，听说对方的水龙头也坏了，于是把新的送过去，自己把坏的修理修理再用。

所以，工人们说：铁人是满心眼都装着党和国家。

工人身上有多少泥，铁人身上就有多少泥

1961 年，王铁人成了钻井大队的队长。1965 年，他又当了钻井指挥部的副指挥。但是不管当队长也好，大队长也好，副指挥也好，他永远保持着劳动人民的本色。在工人的心目中，他永远是个工人。

当了副指挥后，他不坐在办公室里，成天从这个井队跑到那个井队，有问题就解决，没问题就和工人一起干活。困了，他就往套管上一躺，把老羊皮袄脱下来一盖，和工人们挤在一起。工人们说："我们身上有多少泥，铁人身上就有多少泥；我们身上有多少汗，铁人身上就有多少汗。"

从会战开始到现在，他的生活一直十分俭朴。一条帆布裤子补了又补，一件光板老羊皮袄不知穿了多少年！脚上蹬一双布鞋，破旧得不能穿了，同志们要给他领一双新工鞋，他说还是把工鞋先发给生产工人吧！他自己到夏天就打赤脚穿草鞋。谈到吃，那就更简单。有一个时期，因为经常要到各井队去劳动，去解决问题，他就让爱人给他炒面，抓几把炒面放在碗里，用开水一泡就吃上一顿。他就这样一把炒面一碗开水，走到哪，吃到哪。有人很关心他，劝他不要那么艰苦。他却说："和旧社会比还甜呢！新中国成立前，我啥也没有，现在要单有单，要棉有棉，这有多幸福呀！"

有一个时期，他得了病，吃不好，睡不好，眼窝塌了下去，体重减了很多。但是仍然不离开井场。有的同志劝他说："你看你瘦成什么样

子了，休息一下吧！”他说：“瘦怕啥，我是为国家打井，也可以说是为自己打井。等把油田拿下来，掉进地球也甘心。死了就埋在油田上，那才光荣呢！”

后来，领导送他去治疗。在医院，吃得好，住得好，但是他闲不住，心里老惦记着打井，老惦记着那些风里来雨里去的战友们。他想：我们都一块干了十几年了，现在同志们为了甩掉石油落后的帽子，在井上干得那样猛，生活又很艰苦，我怎么能够在这闲着没事干呢？于是他找大夫、找主任要求出院。人家不答应，说：“油田办事处有交代，要我们管好你。”他就打电话给办事处，理直气壮地说：“我越在这儿住，病就越重。我是队长，我要和工人在一起。我想他们，他们也想我呀！让我出院吧，等过了这个冬天，我明年再回来！”就这样，他带着医院给开的休息三个月的诊断书出了院。一回到油田，正好听说支部号召大家盖“干打垒”，他就把诊断书一烧，领着工人和家属们盖起“干打垒”来。

一个对社会主义高度热爱的人，也必然对同志有高度的热爱。王铁人自己非常艰苦朴素，克己奉公，但对同志却关心得无微不至。他对人讲：“不能忘了两条，一条是不能忘了学习毛主席著作，另一条就是不能忘了阶级弟兄。”

铁人和阶级弟兄有深厚的感情，他对工人的事，时时管，处处管，只要是阶级弟兄，不管认识不认识，有了事，只要他听说了，就要关心。他从里到外通明透亮，周身发着光和热，感染着每一个和他接触过的人。

有一个时期，他经常要半夜三更到党委向领导汇报工作。有时去了，一看同志们睡了，他就悄悄地蹲在火墙旁边等着，从不惊动别人。他想：领导管的事那么多，操多大的心呀！我们为芝麻点大的事去惊动他，哪还能让领导休息好！

当了副指挥后，他发现有些井队没茶炉，喝不上开水。马上向党委汇报，党委决定做茶炉后，他又亲自带着工人去找废料，连着找了七天，终于在供应库里找到了废铁筒、废铁管。做好茶炉了，他亲自分配到井队。又怕发下去没有烧，又亲自到井队上去检查，看看工人是不是喝上开水了！有些人没有喝水的习惯，铁人就亲自把开水送到他跟前。

当了副指挥后，他简直成了“八大员”了。什么事都放在心上。天气冷了，家属宿舍暖不暖？家属们能不能听到广播？交通车是不是按时开？业余秦腔剧团组织得怎么样了？……总之，工人中间的大事小事，他都要操心，都要过问。晚上，他住的地方，经常坐满了工人。有的谈这事，有的问那事，有的啥事也没有，就因为几天没见他，想他。过去和他在一起工作的工人们说：“几天不见铁人，就想他；铁人几天不见我们，也想跑来看看！”

铁人对同志那种深厚的阶级感情还突出地表现在时刻让大家永远不忘过去的苦，永远让他们保持艰苦作风。他说：“不能忘掉过去。去看看 1960 年住的地方，吃饭的地方，锅台还在嘛，去看吧！在生活上不能讲高标准、高水平，看问题不能割断历史。”来了新工人，铁人就把他们带到会战初期住的地方，给他们讲过去如何艰苦。对一些老工人，他也经常谈新中国成立前的生活。

有个青年工人，是铁人最喜爱的一个徒弟，有一段时间，他经不住困难的考验，闹情绪想回玉门。铁人把他找来，严厉地对他说：“你还

在管好生产、抓好生活的同时，王进喜时刻不忘职工群众的冷暖，倾全力为职工群众解决实际问题。司钻陈国安病了，王进喜多方联系，把他送到省城医院治疗，后来又利用开人代会之机带他到北京宣武医院治疗。这是王进喜（中）和生活股长孙永臣（右）在医院看望陈国安

1961 年，受自然灾害影响，职工粮食定量低，最严重时“五两保三餐”，靠野菜充饥。为了让工人吃饱肚子好会战，他组织人马开荒种地，大搞农副业。这是王进喜参加积肥劳动记得你刚到玉门是什么样子吗？穿条裤子没有腿，穿件衣服露着肚子，一双鞋子九斤重，你忘了吗？我没忘，我也穿过九斤重的鞋。现在，你身上穿着毛衣，床上铺着缎子被，这些都是怎么来的？”

说得那个青年工人直流泪，他说：“我错了，你说咋办哩！”

铁人说：“好好干，我们苦，顶多是多出两身汗，少睡一点觉，你看我们的革命前辈，那么大年纪还跑到草原上来吃苦，我们看着都难过！”

在铁人的帮助下，那个青年入了党，当上了钻井队的队长。

读毛主席的书，听毛主席的话

人们说，铁人身边有件宝——毛泽东选集。

这件宝使他永远充满了翻天覆地、压倒一切的革命气概；使他永远迎着困难上，冲锋陷阵，勇往直前！

他文化很低，好多字不认识。但是，在大队时，不管工作多紧张，夜里睡得多晚，每天总是早早爬起，到驻地附近一个僻静地方，在一堆乱石旁一蹲，念一会儿毛主席的书。到指挥部后，他拜了一个“师傅”，经常晚上和“师傅”在一起念一段“毛选”，每次念完，他们都要讨论，各提各的看法。有的问题，“师傅”也讲不清，他就到外边问别人，回来又讲给“师傅”听。有一天晚上开会时，听说有的人学习毛主席著作学得不好，回来怎么也睡不着觉。夜里两点钟，他叫开“师傅”的门说：“外国人还学习毛主席著作，为什么我们自己不好好学。”他请“师傅”把这句话写出来，然后他自己照着“师傅”写的，一笔一画地描了下来，一连描了五遍，以便引起大家的重视。为了学习毛主席著作，他刻苦地学习文化。他费了几个晚上写了一封信，让别人给改，改了再写，一连改了二十遍。人家说："我来替你写吧！"他不要，说不是为了这封信，是为了学好文化，念好毛主席的书！到现在，他已经看完了《毛泽东选集》一至四卷。

对于毛主席著作，有的人学起来很快，讲起来滔滔不绝，像个脱水器一样，哗哗地灌进去，哗哗地流出来。可是一到紧要关头要用了，就空了。铁人念毛主席的书，不是为了说，是为了解决问题，是为了帮助同志和改造自己，是为了战胜大自然！

过去指挥部规定井的斜度不超过五度，到 1963 年又规定不超过三度。这是世界上少有的质量标准。大庆工委领导同志曾问铁人："你拥护不拥护？"铁人坦白地说："坚决拥护，就是没有办法！"领导同志说："那怎么办呢？"铁人说："学习毛主席著作，实践！"回到队上他就又打开了《实践论》，一字一字地看，一句一句地琢磨……

有一个技术人员一听说要打直井，就搬出那么厚的一本"洋"书看。铁人心里就很奇怪：毛主席讲得很明白嘛！真理从实践中来，为什么你光看不练呢？于是就问他："你老搬那家伙干啥呢？"

那人道："哎，这上头有个自动防斜的工具。"

铁人说："那很好，这东西现在我们能不能做成？我们指挥部能不能做成？"

那人摇摇头说："做不成，做不成！"

铁人说："你说这话等于没说嘛！我们不能搬洋框框，毛主席说要我们自力更生嘛！我们根据我们的条件，走我们自己的道路。你老搬那家伙有啥用呢？"

有着 20 多年工龄的王铁人，是一个最解放、最自由、最主动的人。他是一个敢于抛掉一切洋拐棍、打破自卑感的人。比方说："地质是油田的主人"这句话，本来是外国的规定。我们有少数人也跟着这样说，认为这是一条真理。王铁人就不相信这一套。他说："为什么只有搞地质的才是油田的主人呢？我们搞钻井的，搞采油的工人同样是油田的主人！人的因素第一嘛！工人是一切的主人！"本来根据预测结果，规定了井深的数字。王铁人连着打了几口井后，又跑到别的井队调查，证明规定的数字多了几十米。他就提建议修改。最初有的人不敢下结论。但经过反复的实验，证明了铁人的主张是对的。以后，油田的井深都根据实际情况减少了几十米，节省了大量的时间和物资，使钻井达到了多快好省的要求。

现在，要打直井了，是让洋框框牵着鼻子走？还是扔掉洋框框走自己的路？铁人和大伙一致的意见是：按毛主席说的，实践再实践，走自己的道路。他们一边摸索着干，一边总结经验。通过实践，大家发现井口大、钻具小，钻具就老爱在井里摇晃，所以就容易把井打斜。根据这个道理，铁人就提出大钻具、小钻头的办法。有人不同意说："用大钻具会卡钻！"铁人说："毛主席讲得明白，要变革梨子，就得先尝尝梨子的滋味嘛！先实践实践再说。"

结果，一实验，果然卡住了。那个人找来算账了："我说不行不行，你们都说行。你们根本没有科学脑瓜嘛！不能再试验了，快换成小钻具吧！"

铁人不答应，他说："'失败是成功之母'！卡住了，我们就算买个教训嘛！"大伙都同意铁人的意见。他们把卡钻当成主要矛盾，边实践边找办法。最后，终于找出解决卡钻的一整套办法出来，打出了当时全战区第一口斜度只有两度多的直井。以后又打了个斜度只有半度的直井。随后全战区普遍地采用了他们的办法。

6年来，王铁人在学习毛主席著作上，总是刻苦地领会精神，学一点、用一点，学了就用。他就是这样从毛主席的思想中吸取营养，寻找前进的道路。

……

铁人也是一个普普通通的工人。他在工作中也犯过错误，捅过娄子。但是，他把学习毛主席著作和改造自己的思想、认识，密切地结合起来。例如，1960年以前，他有过单纯的报恩思想，通过学习毛主席著作，明确了要把革命进行到底，就要使全世界被压迫人民都解放出来，慢慢地树立了“胸怀全世界”的革命者世界观。又如，他刚开始当大队长时，由于缺乏经验，有时和同志们的关系不够协调，他就认真地学习《党委会的工作方法》《反对自由主义》等。结果，同志们步调一致了，工作水平提高了。王铁人之所以能够在思想上、工作上不断进步，正是因为活学活用毛主席著作的结果。

在对待批评和自我批评上，他时刻记住毛主席的话：“因为我们是为人民服务的，所以，我们如果有缺点，就不怕别人批评指出。”他能够永远前进，就是因为正确对待了正确和错误。他们队曾经打废过一口井，他永远记着这次教训。每年他都要去看看，引起警惕。每次来新工人，铁人也要带着他们去看这口废井，使大家吸取教训。

有的人工作一有成绩，就像皮球一样，别人不能拍，轻轻一拍，就跳得老高，而铁人成绩越大，越谦虚谨慎，越要迎着批评上，他说：

王进喜与“上山下乡”的青年典型邢燕子见面时的合影（中为陈永贵）

王进喜一心扑在工作上，难得与家人在一起。1970 年 7 月，夫人王兰英及长子王月平、小女儿王月琴来北京看望住院治疗的王进喜时合影。这也是王进喜一生中唯一一次和爱人、孩子上街游玩

“不能想：干了这么多年，没有功劳也有苦劳。没有党，你连个‘刷子’也当不上，还有什么‘劳’？”所以他每次受批评，总是把胸脯挺起来，坐得直直的，好好地接受。回到家，他睡不好觉，翻来覆去检讨自己。可是第二天天还不亮，就爬起想：干吧，往好里干，错了就改。

有一次，他们队把射孔射错了。在一次大会上，领导同志就公开批评他们。铁人去得晚了一会，刚到门口，有一个工人就对他说：“赶紧趴下，趴下！”

“趴下干什么？”

“领导正在批评我们呢！”

铁人说：“你这个同志说的，披红戴花的时候，你让我抢着往头里走，批评了，就叫我悄悄地趴下当狗熊？我不当这个狗熊！”说完，他就挺起腰杆，噔噔地走向前去。

散了会，那人撵上铁人说：“叫你趴下，趴下，你偏要上，看看，弄了个啥！”

铁人说：“你这个同志呀！你知道不知道，领导批评我们是对我们的关心，是为我们好。”

是的，王铁人能够成为“铁人”，是由于党的教导和培养；“铁人”能够不断进步，是由于党的哺育。他常说：“没有党，我王进喜早掉进地球里去了！”

他平生最最难忘的就是见过我们伟大的领袖——毛主席。1959 年，他见过毛主席。当时，正是我们国家缺油的时候，他想到的是无论如何要把石油落后帽子甩掉，为毛主席和全国人民争口气。1964 年，他参加全国人民代表大会时，又看见了毛主席，兴奋得热泪直流！当时，我国石油已经基本自给了！他满足了吗？他想松一口气了吗？不，绝不是！相反他想得更远了，他感到担子更重了！他想的是按我们国家六亿五千万人计算，石油工人要给每一个人搞多少石油，他想的是如何更好地支援越南人民。他算来算去，觉着这是个很大的数字，能够实现吗？他充满信心地给大家说："好好学习毛主席著作就一定能够实现！"

在他王铁人的身上具有许多无产阶级优秀的品质：

他是这么一个人：在党的面前，在人民面前，他是一头"牛"，他不为名、不为利、不怕苦、不怕死，心甘情愿为革命事业当一辈子老黄牛。但是，在阶级斗争和生产斗争中，他又是一头猛虎，任什么困难都压不倒他，任什么困难也吓不倒他。他永远冲锋陷阵、勇往直前！

他是这么一个人：对工作极端负责，一点也不含糊。谁对工作不负责任，他就进行严肃的批评。他对自己要求更严。只要发现自己做错了事，就勇于改正。

他是这么一个人：他热爱自己的阶级弟兄，关心每一个阶级弟兄的成长；发现谁有困难，总是想办法帮助。他对自己却非常克己，从来不讲享受。

但是，他最高贵的品质，是斗争精神。他与天斗、与地斗、与错误的思想斗，越斗越顽强、越斗越坚定。他为中国工人阶级树立了一个光辉的形象！

（载于1966年1月3日《工人日报》一版，文章发出后，在社会上引起了强烈反响。全国掀起了一个学大庆、学铁人的热潮。原文收录此篇以记录那个火热的年代。）

声音·钻井铁人一声吼

“宁可少活二十年，拼命也要拿下大油田。”

“石油工人一声吼，地球也要抖三抖！石油工人干劲大，天大困难也不怕。”

“等把油田拿下来，掉进地球也甘心。死了就埋在油田上，那才光荣呢！”

说　明

本书在出版前，部分图片的作者未及时联系到，请作者看到本书后及时与出版社联系，我们将按照图片使用标准支付稿酬，由此带来的不便，还请谅解。特此鸣谢大庆铁人王进喜纪念馆对本书的大力支持，为本书提供王进喜同志珍贵的照片。

编者

图书在版编目（CIP）数据

忠诚——共和国劳模画传 / 中国工人编. —北京：中国工人出版社，2020.5
ISBN 978-7-5008-7401-0

Ⅰ.①忠… Ⅱ.①中… Ⅲ.①劳动模范—先进事迹—中国—现代 Ⅳ.①K820.7

中国版本图书馆CIP数据核字（2020）第058261号

忠诚——共和国劳模画传

出 版 人　王娇萍
责任编辑　安　静　时秀晶　冀　卓
责任印制　栾征宇
出版发行　中国工人出版社
地　　址　北京市东城区鼓楼外大街45号　邮编：100120
网　　址　http://www.wp-china.com
电　　话　（010）62005043（总编室）
　　　　　（010）62005039（印制管理中心）
　　　　　（010）82075935（职工教育分社）
发行热线　（010）62005996　（010）82029051
经　　销　各地书店
印　　刷　北京美图印务有限公司
开　　本　710毫米×1000毫米　1/16
印　　张　17.25
字　　数　180千字
版　　次　2020年7月第1版　2021年8月第3次印刷
定　　价　98.00元